urbansouls

Reflections on Youth, Religion, and Hip-Hop Culture

Osagyefo Uhuru Sekou

Yamashita Soki

urbansouls

Reflections on Youth, Religion, and Hip-Hop Culture

オサジェフォ・ウフル・セイクウ
Osagyefo Uhuru Sekou

黒人青年、宗教、ヒップホップ・カルチャー

アーバンソウルズ

山下壮起 訳
Yamashita Soki

新 教 出 版 社

序文

コーネル・ウェスト

Foreword

かつて、講演のためにノックスヴィルにあるテネシー大学を訪れたときのことだった。テネシー大学はわたしの親友である故ジェイムズ・メルヴィン・ワシントン[1]の母校であり、この知性と霊性の巨人の育った神聖な場で語る機会が得られたのは喜びであった。そして、そこでもうひとりの高くそびえる知性を備えた人物に出会うことになるとは、知る由もなかった。

ノックスヴィルに到着したとき、わたしは学生たちとのパネルディスカッションに連れていってほしいと願い出た。教室に入ったわたしは、ひとりの若者の知性あふれるエネルギーに圧倒された。この若さにして深い分析と霊的な洞察をしていることに、衝撃を受けたのである。それは他でもない、オサジェフォ・ウフル・セイクウ牧師だった。

そのとき以来、わたしたちは率直な議論と相互理解の上に立つ親交を続けてきた。わたしたちの会話はいつしか国内各地で公開討論として行われるようになり、そこではヒップホップ世代と公民権世代の断絶について掘り下げられたのだった。

『アーバンソウルズ』は、セイクウ牧師の知性のほんの一部に過ぎない。ヒップホップ世代の窮状と苦闘についての彼の分析は、この分野における最も優れた業績のひとつである。彼の勇気と彼自身の人生における誠実さは、わたしたちの心に強く訴えかけてくる。孤独と悲哀についての霊的現実、失業や学校の財源不足という政治的問題、そして、市場主導の快楽主義という文化的な難題を結びつける独自の視点は稀有なものである。

さらに、セイクウ牧師は鋭い批評眼を有する知識人というだけではない。アメリカ都市部における彼の地に足のついた働き、特に若者たちとの関わりは、学識とアクティヴィズムが類稀な仕方で融合したものである。彼が現代の一流の知識人たちよりも秀でているのはこのためだ。彼はその世代において最も霊性に根ざし、揺るぎない知性を携えた思想家なのだ。

訳注

1　ジェイムズ・メルヴィン・ワシントンはテネシー州ノックスヴィル出身のアフリカ系アメリカ人のバプテスト派の牧師で、ウェストが教鞭を執るユニオン神学校で教会史を教えていた。著書に *Frustrated Fellowship: The Black Baptist Quest for Social Power*（Macon: Mercer University Press, 1986）がある。

★　コーネル・ウェストは、本序文執筆時ハーヴァード大学教授、現ユニオン神学校教授にして、ミュージシャンや俳優としても活躍する公共知識人。現在の黒人神学の第一人者とも言うべき地位を占める。『人種の問題――アメリカ民主主義の危機と再生』（山下慶親訳、新教出版社、２００１年）、『民主主義の問題――帝国主義との闘いに勝つこと』（越智博美・松井優子・三浦玲一訳、法政大学出版局、２０１４年）など著作多数。

目次

1章

霊的だが宗教的ではない——ヒップホップと信仰の生成

spiritual not religious: hip-hop and the making of faith

俺は牧師じゃないってか？

1994年、わたしはセントルイスの中学校でギャングの暴力を回避する手段《オルタナティヴ》について教えていたのだが、当時、その学校の生徒がドライヴ・バイ・シューティング[1]の犠牲となる現場を期せずして目撃してしまった。しかも、その事件は学校からわずか数ブロックのところでの出来事だった。殺人現場で、わたしはこの町に蔓延する暴力によって息絶えた少年の身体を目に焼きつけた。過去20年間、セントルイスは青少年による殺人件数の全米1位という望ましくない称号《タイトル》を何度も与えられている。

この中学校に勤めていたのと時を同じくして、わたしは地元のバプテスト教会で若者たちの牧会を担っていた。この事件で殺害された少年の姉がこの教会の会員で、彼女の依頼を受けて、わたしは彼の葬儀で式辞を述べた。葬儀は別の教会で行われたが、わたしはアイス・キューブの「今日はいい日だった」

(Today was a good day)[2]という歌詞を引用して式辞を始めた。ゲットーにおいて「いい日」とされるのは、自分の知っている人が誰も銃で撃たれないことだと、キューブはしみじみとラップする。わたしは、この若者の生涯について話をした。わたしは、まだまだ若かった黒人男性の死への困惑と悲しみを述べつつも、神がわたしとかれらを愛しておられることを確信していた。そう、神がそれでもわたしたちを愛しておられるゆえに、今日はいい日《グッド・デイ》なのだと。

式辞を終えると、会衆は感情を爆発させた。会堂にあふれていたのは教会に連なっていない人びと――ギャングのメンバーやドラッグディーラーたち――だったが、彼ら彼女らは立ち上がって拍手した。しかし、わたしの式辞に続いたのは残念なものだった。その教会の牧師は30分にわたって、若者たちや若者の文化をこきおろしたからだ。彼の言葉に満ち満ちた非難は記憶から抹消したくなるほどで、これを書いているいまも、そのときの腹わたが煮えくり返った感情が甦ってやるせない気持ちになる。

彼は聖書を鞭として利用し、若者たちを厳しく叱責した。そして、こんなことを話していたのをいまでも覚えている。もし、警察がお前たちを呼び止め殴打してきたとしても、それは当然の報いである。そして、警察は神の代理人《ミニスター》であると。

葬儀の翌日、わたしが関わっている学生の生徒でも特に世話の焼ける3人がわたしの教室にやってきて、こう息巻いた。「セイクウ先生、セイクウ先生！ジミーのやつ、先生のことで、嘘を言いふらしとるで！　あいつのこと、どついたるねん」。「あかん、あかん。それは、だめや」。そうわたしは答えた。これまでいくつもの揉め事を収めてきた経験を活かして、わたしはゆっくりと落ち着いた声で「ジミーはなんて言ってるんや」と尋ねた。「あのボケ、みんなに先生が牧師やって言いまわってるねん。あいつのいとこの葬式で先生が説教してるのを見たって。でも、俺らは先生がクソ牧師じゃないって知ってるで、だって……」。わたしを庇おうとしてくれた3人のうちのひとりは目に涙をためて、そして、こう続けた。「だって、先生は俺らのことを好きでいてくれるやん。俺らのこと見下さへんやん。トゥーパックの曲聴いてもなんも言わへんし、パックが俺らの生き方とか社会のことについてなんて言ってるか、わかりやすいように教えてくれるやん。先生、牧師なんかとちゃうやんな」。

この言葉に嬉しくも悲しくもなりつつ、わたしはにっこり笑って嘘をついた。

「そうや。俺は牧師なんかとちゃう」。

霊的だが宗教は信じない

ある6月の暑い日、トゥーパック・シャクールの誕生日の前日の午後、わたしたちはニュージャージー州ニューアークのマウント・ザイオン・バプテスト教会の集会室に集っていた。その集会室は200人ほどを収容できる大きさだったが、その日は500人以上もの人ですし詰めだった。そこでは、ヒップホップ界と若い運動家の有名人たちがいくつかのインタビューに応えたり、写真記者や、本物のアーティストの姿に圧倒される音楽ファンたちのためにポーズを取ったりしていた。そんなところに押し寄せてきた報道陣は、その会場で「ヒップホップ」と「政治」という言葉が同列に並んでいることに唖然としているように見えた。そこで開催されていたのは、全国ヒップホップ政治大会（National Hip-Hop Political Convention, NHHPC）だったのだ。

それは2004年の大統領選の真っ只中のことだった。6000人を超える青年の運動家やオーガナイザー、ヒップホップの文筆家やジャーナリスト、そして数人の聖職者たちが集まり、3日間にわたってアメリカの政治におけるヒップホップの役割について真剣に話し合った。[3] マウント・ザイオン・バプテスト教会での開会プログラムは、世代間の断絶というとんでもない問題の解決を模索するものだった。

イラク戦争、拡大する産獄複合体、[4] 崩壊寸前の公教育制度、そして公民権運動世代とヒップホップ世代の明らかな断絶という状況のなか、わたしたちの世代の未来と政治、また究極的にはわたしたちの民主主義をめぐる、3日間にわたる議論の幕を切ったのは世代間の対話だった。青年牧師と年長の運動家が司会を務めた対話では、社会運動の重鎮であるロン・ダニエルズ[5]やマイケル・エリック・ダイソン、[6] そしてわたしが参加した。そこでわたしが切り出したのは、その大会の参加者を受け入れ、わたし自身に声を与えてくれたそもそもの組織——黒人教会——への容赦ない批判であった。

わたしは、黒人教会の指導者層への不信をぶちまけた。そして、黒人社会においての多くの教会が、日曜日の礼拝のために郊外の豪奢な家から疲弊したインナーシティへと、高級車に乗ってやってくる利己的な牧師を据えているという事実を嘆いてみせた。また大抵の場合、その牧師が説教する教会の会衆も、同様に郊外から礼拝のためだけにやってくる中産階級の黒人たちなのだ。

わたしは、これまで多くのヒップホップ世代の若者たちが教会によって深く傷つけられてきたことに言及した。かれらはイスラームのようないくつもの宗教的伝統に触れることによって、少なくとも、自らの視点でこの世界を理解する助けとなる真実を見出してきた。それゆえに、わたしはこう言明した。「ですから、今日では多くの若者たちはこう言うのです。『俺は宗教を信じない。俺は……』」。その言葉の続きにぴたりと合わせて、会場に集った500人以上の若者たちは、嘆きのうちに「霊的だ《スピリチュアル》」と言ったのだった。

それからおよそ4年後、次の大統領選挙が差し迫っていたとき、わたしはハーヴァード神学校での歴史的な集会において、そのときの出来事を思い返していた。ハランベ[7]というハーヴァード神学校の黒人学生組織が主催した、「ヒップホップとその宗教的感性」と題されたシンポジウムでのことだった。そして、ここにもまた、当惑するレポーターらとアイヴィー・リーグの教授たちの組み合わせが見られた。このパネルには、神学者、聖職者、神学生の女性ムスリム、クリスチャン・ラッパー、2人のアフリカン・アメリカン研究の教授、様々な支援を必要とする青少年に関わる福祉関係者、そして、わたしが参加していた。ニューアークでの話をハーヴァードの聴衆に向けてもう一度語ると、かれらもこの世代の合言葉である「スピリチュアル」で、ぴったりのタイミングで応答した。

この15年の間、わたしは黒人教会が若者に対して持つ意味、そして、そのヒップホップとの関係について熟考してきた。そのため、わたしはヒップホップ神学者と呼ばれてきた。しかし同時に、わたしは黒人教会に育てられ、チャーチ・オブ・ゴッド・イン・クライスト[8]という教派で按手を受けた年長者である。わたしは教会を愛している。教会はわたしの人生を救い、神から与えられた賜物を探究し披露する時と場を備えてくれた。だが、同世代の多くはこうした経験に与ることはなかったのだ。

前述の諸々の経験から、黒人教会、さらにはそのヒップホップおよび若者たちとの関係についての容赦ない批評が生じた。インナーシティの中学校、ギャングの葬儀、この国の最も有名な神学校、若い政治運動家たちの集まり、これらのいずれの場にあったとしても、黒人教会に対する批判は変わることはない。そこに集う若者たちの心や人生において、黒人教会はまったく無意味なものなのである。

さらに、神学や霊性を体系づけて構築しようとする神学者や宗教研究者のなかには、若者たちの声に真摯に耳を傾ける者がひとりもいない。これはある面では、貧しい黒人やブラウンの若者の声が学術界では取るに足らないものとみなされており、黒人教会には若者たちと関係を築く力がないからだ。そして何よりも、黒人の宗教指導者たちが、若者たちから学ぼうとし、かれらと持続的に関わっていこうとする勇気を全く欠いているからだ。このように積極的な姿勢が欠けていた結果、若者に対してプチブル的な感覚を持つ中高齢世代の黒人たちの間に、ある信念が生じたのだった。つまりは、黒人の問題は若い黒人にあるのだというビル・コスビー的な意識である。[9]

壁に描かれたグラフィティを読む

神学者、そして牧師として、三つの答えの出ない問いがわたしの実存を悩ませていると感じている。わたしたちはどうすれば人間の苦難に終わりをもたらすことができるのか。この苦難に照らして、自ら選んだわけではない環境において、人間はどうすれば自身の存在に意味を見出せるのか。そして、この時代を生きるわたしたちの状況性（境遇）は、意味の生成にどのように寄与するのか。本来宗教とは意味を生成する行為であることを考慮するなら、恐怖、死、そして絶望を前にした人間は、宗教を通して自分自身をより大きな文脈のなかに位置づける。宗教は有限の現実に対して永遠の物語を提示してくれるのだ。

黒人教会との忌まわしい断絶を経て、若者たちはそれに代わる意味生成の空間を求め、創造し始めた。ヒップホップが意味の空間であることは、その重要性によって明らかである。ヒップホップは、若者たちの状況や、かれらの教会や社会との関わりを反映している。アメリカにおける若者の状況を映し出しているのだ。そして、もし黒人教会が21世紀においても必要とされ続けたいのであれば、ヒップホップ、若者たちのアクティヴィズム、さらには若者たち自身との関係を熟慮しなければならない。若者たちを神学的行為者《エージェント》とみなすなら、NHHPCでリポーターやハーヴァード神学校の教授たちを困惑させたのと同種の衝撃を巻き起こすのは必至であろう。ヒップホップと神学は、普通ならひとつの議論のなかでともに論じられることはなく、両者は対極のものとみなされるからだ。しかし、哲学者・文化批評家のスラヴォイ・ジジェクは『パララックス・ヴュー』の前文で、全く無関係に思われるテーマを融合させるという構想を示している。

配線に問題があれば短絡《ショート》が起きてしまう。その問題とはもちろん、配線がうまくいっているという前提での話である。それならば、ショートがもたらす衝撃とは、批判的解釈についての最上級のたとえなのではないだろうか？　普通なら触れることのない配線を交差させるのが、最も効果的な批評の方法なのではないか。すなわち、よく知られた古典（テキスト、著者、思想）を取り上げ、それを「マイナー」な著者、文書、概念装置の視点を通してショートさせるように読むことである（「マイナー」とはドゥルーズ的な意味で理解されるべきであり、「質的に劣るもの」ということではなく、ヘゲモニックなイデオロギーによって周縁化され否認された、あるいは、あまり価値や品位がないとみなされたテーマを取り扱うということである）。もしマイナーな資料をうまく選べば、わたしたちが常識としてきた認識を根底から覆すような視点を獲得できるだろう。

若者たちは神学的行為者《エージェント》であると示唆することによって、歴史的な神学的規範と宗教的言説における黒人教会の下位的ヘゲモニー[10]はともにショートを起こす。ヒップホップが若者たちの人生の可能性に大きな影響を与えることを踏まえて、わたしはヒップホップ・アーティストたちを超神学者《パラ・セオロジアン》として位置づけてみたい。この超神学者とは、超知識人《パラ・インテレクチュアル》というセント・クレア・ドレイク[11]の洞察に満ちた分類にインスパイアされたものだ。ヒップホップ・アーティストは教会や神学校の外部の人間でありながら、神学的知識を積極的に取り込み、自らの知性やアクティヴィズム、そして芸術のために用いているからだ。

その次に、わたしはヒップホップをある面において実存の神学として位置づけてみたい。実存の神学とは、日常の相互作用や実践において立ち現れる実存について絶えず批評していく組織神学の営みである。若者たちの実存の神学の一部は、抑圧的な社会による制約と、そのなかで見出される希望によって形作られている。

本書は、ヒップホップ・ミュージックにおける神学的・宗教的モメントに光を当てることによって、この世代の霊的感性を讃えるものである。その目的はヒップホップ神学を開拓することではない。むしろ、神学的行為者《エージェント》、宗教的存在、そして霊的な人間としてヒップホップ世代を理解する一助とすべく、ヒップホップ・カルチャーを神学的に読み解くことにある。したがって、本論は次の三つの観点に取り組む。①若者たちは神学的行為者《エージェント》である。②ヒップホップは隠された霊性を宿している。③ヒップホップ世代の教会批判を一方的に持ち上げるべきではないが、それは正当なものである。教会自身の救いのために必要だからだ。

この枠組みは、ヒップホップを後期近代において立ち現れた宗教の可能性を秘めた婉曲表現《ユーフェミズム》として位置づけて、真摯かつ厳正に向き合うことを後押しするだろう。それはわたしに牧師や神学者としての役割を再考させ、そして、わたしたちが正面を切ってこう言えるようにしてくれるかもしれない。「わたしは牧師だ」と。

訳注

1 走行中の車両からの銃撃のこと。ギャング・カルチャーにおける暴力の一形態としても知られ、多くのラッパーがその被害にあっている。

2 「It Was a Good Day」で繰り返されるフレーズ。

3 NHHPCの開催目的は、2004年11月の大統領選挙における黒人有権者の掘り起こしであった。セイクウも続く本文で述べているように、当時ブッシュ政権によるイラク戦争やアフガニスタン侵攻、産獄複合体(注4参照)や公教育の危機が大きな問題となっていた。また、公民権運動世代と比較してヒップホップ世代が政治的に無関心なのを克服して、政治状況を変えようという狙いもあった。訳者の大学時代のルームメイト、トーマス・DJ Tann Macc・ギブスもこの大会に参加していたのを覚えている。

4 産獄複合体(prison-industrial complex)とは、経済構造と密接に結びついた監獄システムを、軍需産業と軍隊や政府が癒着した体制を指す軍産複合体になぞらえた言葉である。1980年代以降、政治家が犯罪の厳罰化を訴えたことで、重犯罪は減少傾向にあったにもかかわらず、刑務所が全米各地に急増した。

刑務所の建設は地元の雇用を創出するだけでなく、建設・監視・食品・医療・通信など監獄の運営に必要となる多種の企業と結びつき、巨大な利権を孕む産業となった。一方で、メディアでは黒人をはじめとする有色人種の若者を犯罪と関連づけることで、犯罪者としての偏見が助長された。そして、そうした黒人への偏見に基づいて警察の厳しい取り締まりが行われ、司法でも人種的に不均衡な判決が下されている。その結果、黒人はアメリカの人口の12%ほどであるのに対し、刑務所人口においては40%を超えるという事態が長年にわたって続いている。アンジェラ・デイヴィスは『監獄ビジネス』(上杉忍訳、岩波書店、2008年)にて、奴隷制以降も黒人を労役に縛りつけるための制度的画策のなかで産獄複合体が生じたことを明らかにしている。

5 ロン・ダニエルズは、ニューヨーク市立大学の政治学の教授であったが、1992年にアメリカの第3党のひとつである平和自由党(Peace and Freedom Party)の政治家として、アメリカ大統領選にカリフォルニア州から出馬した。また、公民権運動のリーダーのひとりでもあるジェシー・ジャクソンが組織した運動体レインボー・コーリションの事務局長を務め、ジャクソンが大統領選に出馬したときには選挙運動の参謀として尽力した。

6 マイケル・エリック・ダイソンはバプテスト派の牧師であり、アフリカン・アメリカン研究の教授としてシカゴ神学校、コロンビア大学、ペンシルバニア大学などで教鞭を執る。多数の著書のなかには、*Holler If You Hear Me: Searching for Tupac Shakur*（New York: Basic Civitas Books, 2002）や *Born to Use Mics: Reading Nas's Illmatic*（New York: Basic Civitas Books, 2010）などヒップホップについて考察したものもある。

7 東アフリカの主要言語であるバントゥー語で、力を合わせて押したり引いたりすることを意味し、労働作業などでの掛け声として用いられる。転じて、ケニアでは支援を必要とする者のための共同体における相互扶助やその集まりを指し、また、独立の際には初代大統領のジョモ・ケニヤッタによって新国家建設のスローガンとされた。

8 チャーチ・オブ・ゴッド・イン・クライストはチャールズ・ハリソン・メイソンとチャールズ・ジョーンズという黒人牧師によって1897年に創設された。ジョン・ウェスレーの唱えた聖化を強調するグループから生じたホーリネス派の教義の影響を受けていたが、メイソンが1906年のペンテコステ派の信仰復興運動に参加したことで、教団はペンテコステ派に移行した。チャーチ・オブ・ゴッド・イン・クライストは、逐語霊感（聖書は一言一句が神の霊によって書かれたがゆえに、そこには一切の誤りはないという考え方）による聖書理解とエネルギッシュな礼拝スタイルを特徴とする。

9 ビル・コスビーは1960年代から幅広い人気を博した黒人コメディアンの大御所である。セイクウがここで問題にしているのは、コスビーの偏見に基づいたヒップホップ世代に対する批判だろう。たとえばコスビーは、公立学校での人種隔離を違憲とした最高裁での「ブラウン判決」の50周年を記念する全米黒人地位向上協会（National Association for the Advancement of Colored People, NAACP）主催の式典において、黒人の単親家庭や学校の中退、刑務所人口の問題は人種差別によるものではなく、貧困層や若者たちの堕落が招いたものだと非難した。そして、そうした堕落や無知が、いわゆる黒人英語や腰パンといったものに反映されているとこきおろした。

10 イタリアの思想家アントニオ・グラムシは、人びとの合意を取りつけることで打ち立てられる支配関係をヘゲモニーと呼んだ。ここでは、アメリカ社会のヘゲモニーのなかで位置を占め、さらにそれを下支えする黒人教会の権力性が指摘されているものと思われる。

11
ジョン・ギブス・セント・クレア・ドレイクは黒人の社会学者・人類学者。20世紀前半の黒人の都市生活についてシカゴを中心に調査した、ホレス・ケイトンとの共著 *Black Metropolis: A Study of Negro Life in Northern City* (Chicago: The University of Chicago Press, 1945) などで知られる。

★ 本章の原文タイトルは「spiritual not religious」である。近年、これと同様の表現である「Spiritual But Not Religious」の頭文字を取ったSBNRが日本でも注目されている。「スピリチュアル」だが「宗教的」ではないとの信仰観は、既存の組織宗教を信じないが、神あるいは超越的・至高の存在、また霊的な存在を信じるということである。近代化によって宗教はいずれ影響力を失い消滅するだろうとの世俗化論に反して、現実には宗教は消え去るどころか、SBNRのような形で立ち現れている。

2章

to be young, gifted, and broke

若く、才能に恵まれ、無一文であること

どうして歌うことができようか
異国の地で主のための歌を

詩編137編4節

アメリカの黒人とブラウンの若者たちは、公民権運動の時代を青年として過ごした世代とはまったく異なる世界のなかを生きている。1970年代半ばから、貧困の問題は若く幼い者たちにますます影響を及ぼすようになった——聖書的には由緒正しい「この最も小さな者」[1]である、働くには若すぎる者たちが貧困の最前線に立たされているのだ。1983年、18歳以下の若者たちが最も高い貧困率を示した。高齢者への保障として11ドルが割り当てられるのに対して、子どもたちには1ドルしか支出されなかった。貧困のなかにある1300万人の子どものうち、50万人はホームレスであった。

1980年には、要扶養児童家庭援助（Aid to Families with Dependent Children, AFDC）で4人家族に支払われる給付額の最高限度は、政府の定める貧困レベルの40%にまで減額された。そして、貧困から脱け出すことができたのは、わずか12%にすぎなかった。1973年から1983年にかけて、貧困層の子どもたちの40%は生活保護を打ち切られた。

1980年から1986年には、アメリカに暮らす子どもたちや家族のための支援のうち、560億ドルが受給資格の制限によって撤廃、削減され、それを手にすることが困難にされてしまった。1978年から1988年の間には、貧困層の家庭への居住支援が80%も（230億ドルから90億ドル以下に）低下した。一方で、1979年から1982年にかけて、貧困ぎりぎりの収入しかない4人家族への課税率は2%から10%へと上昇した。

1990年3月から翌年3月にかけての景気後退において、アメリカでは145万人が失業した。事実、16歳から24歳の年齢層は全労働人口のたった17%であるにもかかわらず、かれらが最も大きな打撃を受けた。1980年代に生み出された210万人の雇用のうち、44%は年収が7400ドル以下だった。これは3人家族の貧困レベルより30%も低い数字だ。

「鍵っ子」や「ピア・プレッシャー」[2]という言葉が登場してから、まだ20年も経っていない。これらの言葉が一般的に使われるようになったのは、母親たちが生活を維持するためにどんどん外で働くようになったレーガン政権の時代のことである。子どもたちは首にぶら下げた鍵を使って自宅へと帰るようになった。そして、親たちと過ごす時間が減ったことで、同世代の仲間たちと過ごす時間が増えた。鍵っ子世代の子どもたちは、歯止めのきかないピア・プレッシャーに晒されることとなってしまったのだ。

公民権法によってわずかなアフリカ系アメリカ人の中産階級が経済的安定を手にする一方で、多くのアフリカ系アメリカ人は低収入労働者層に分類され、複雑な貧困の網に絡め取られ続けた。１９９８年３月の国勢調査の報告は、18歳以下の子どもがいるアフリカ系アメリカ人の母子家庭の50%以上が、貧困レベルを下回る生活をしていることを指摘している。コーネル大学が１９９９年に行った調査によると、75歳以上のアフリカ系アメリカ人の91%は、成人してからの間で少なくとも1年は貧困のなかで過ごしている。さらにその調査は、アフリカ系アメリカ人の3分の1は成人してから30歳になるまでに、少なくとも1年は4人家族の貧困レベルの収入（８１３８ドル）の半分で生活しなければならないと言及している。そして現在、アフリカ系アメリカ人の家族の26%が貧困レベル以下の生活をしている。

アファーマティヴ・アクションのように人種と階級に焦点を当てた政策は、経済的・社会的に不利なマイノリティに教育の機会や公共の仕事を提供した。しかしながら、こうした措置はアンダークラスや困窮する地域の住民に恩恵をもたらしたわけではなかった。階級・階層化やそれに付随する諸問題――質の高い教育、コミュニティの安全、適切な住居、そして十分な医療――についての理解や取り組みを欠いていたからだ。質の高い教育に関して言えば、インナーシティの住民たちの多くは崩壊した教育制度のなかに置かれてきたために、高等教育へと進む手段を持っていない。わたしの通っていた高校には、大学進学の斡旋業者よりも兵役募集の職員のほうが多くやってきた。教育制度が地域社会の現状を映し出しているのは明らかである。

生産工場が経費を抑えるために郊外や外国へと移転していったのに伴い、都市部では脱工業化が進んでいった。その結果、都市の中心部にあった通勤しやすくて給料のいい仕事が激減した。そして、公民権法によって恩恵を受けたアフリカ系アメリカ人の中産階級は、経済的に十分な蓄えがあったために郊外のコミュニティへと移住していった。それは壊滅的な結果をもたらした。インナーシティは高い失業率や不完全雇用、安全に暮らすための生活資源の減少に苦しめられることとなったのだ。都市空間は、雇用につながる資源や技能へのアクセスを制限されているアンダークラスの住民の現実をわたしたちに突きつけている。

これらのコミュニティは、経済基盤において壊滅的な打撃を受けることとなった。そして、過酷な福祉改革は子どもたちの貧困をさらに悪化させるだけだろう。生活保護受給者の60%以上は子どもたちである。この子どもたちは働くには幼すぎるため、家に放置されて生活するしかない。それは、子ども向けの適切な保育支援が悲惨なまでに欠落していることの結果なのである。こうした社会政策の問題は、アメリカのアンダークラスをその状態にさらに閉じ込めることにある。そして、子どもたちが就労年齢に達しても、かれらに開かれているのはダグラス・クープランドの言うマックジョブ[3]——サービス業における低賃金で、蔑まれ、やりがいを見出せず、利益が少なく、将来性のない仕事

――しかない。こうした政策が若者の貧困の都市化を長期に及ぶものにしているのだ。

訳注

1 「この最も小さな者」とはマタイによる福音書25章40節および45節に出てくる言葉であり、イエスは、社会のなかで何の力も持たない者に連なることが、現在を終末の時として生きるキリスト者の生き方だと説いている。

2 「ピア・プレッシャー」(peer pressure)は同調圧力と訳されるが、peerには仲間といった意味があり、青少年の仲良しグループ内での人間関係を表すものとして用いられる。たとえば、グループの多くの者がタバコを吸っているなか、「お前も吸うか」と言われるときに生じる圧力がそれである。モブ・ディープの「Peer Pressure」やケンドリック・ラマーの「The Art of Peer Pressure」は、こうした圧力が暴力や犯罪へと発展し、そのストレスがときに自死へと至らせることを描いている。

3 ダグラス・クープランドはカナダ出身の小説家・美術家であり、世界的ベストセラーとなった彼の小説『ジェネレーションX――加速された文化のための物語たち』(黒丸尚訳、角川文庫、1995年)によって、1960年代半ばから80年代初頭にかけて生まれた世代を指すジェネレーションXや、この

「マックジョブ」という言葉が浸透した。マックジョブはマクドナルドのようなファストフード店でのサービス業といった低賃金で単調な労働を指す言葉である。これは、こうした職種を卑しめるものというよりも、機械化や脱工業化によって技術職や専門職の雇用が削減され、非熟練で単調な低賃金の職種の雇用を増加させたグローバル資本主義の弊害を揶揄するものである。

★ 本章の原文タイトルである「to be young, gifted, and broke」は、頻繁に引用される"To be young, gifted, and black"というフレーズをもじったもの。このフレーズは、1965年に34歳の若さで亡くなった劇作家ロレイン・ハンスベリーの生涯を劇にした作品のタイトルであり、この劇からインスパイアされた歌手のニーナ・シモンによるハンスベリーへの追悼曲のタイトルにもなった。この曲は困難な現実に置かれた黒人の若者を讃えて、鼓舞するものである。一方で、セイクウはそのタイトルをもじって to be young, gifted, and broke とすることで、たとえ若くて才能があったとしても、構造的な人種差別が生み出す貧困によってかれらの可能性が阻まれていることを示唆しているのだろう。

この都市の歌

3章

songs of the city

都会の家々とコミュニティの多くにおいて、「若者たちによる政治《ジュヴィノクラシー》」が物事を動かしているのではないだろうか。わたしにとってその政治とは、経済的、社会的、道徳的に大きな影響力を持つ25歳以下の男性が中心となって、黒人やラティーノの家庭や都市の生活を支配することである。

……………………………………**マイケル・エリック・ダイソン**

1996年9月、わたしが都市におけるコミュニティ・オーガナイジング[1]のワークショップに参加したときのことである。そこに参加していた中産階級《ミドルクラス》の白人女性が立ち上がって、自分のことを話し始めた。彼女が住んでいたのは古くからのヴァニラ色の富裕層のコミュニティであり、そこはチョコレート色の若者たちの暮らす荒廃したエリアに囲まれていた。そして、彼女はこう言った。「わたしたちが、(近隣地域の)会合のためのチラシを地元の人たちに配っても、(黒人の)住民たちに全然来てもらえない。この会議にいつも出席しているのはわたしたち白人だけ。いったいどうすればいいかわからないの」。

この白人女性《アイヴォリー》の懇願に対して、チョコレート色の荒廃したエリアに暮らす20代の黒人女性《エボニー》のシスターが立ち上がって高らかにこう語った。「わたしは1日20時間も働いてるんよ。生活やり繰りするために、パートの仕事2個もしてんねん。いっこは都会のほうで、もういっこは郊外のほう。まだ暗いうちに家を出て、帰ってくんのは真っ暗になってからやし。郊外行きのバスは、1時間に1本しか走ってないみたいやしな。せやから、あんたらの話し合いに参加する時間なんてほんまにないんよ」。

彼女は続けてこうも言った。「もし、このへんの人らに会合に参加してもらって、自分の息子とか隣近所の息子らがドラッグを売りさばいてるって警察にチクるように頼もうとかするんやったら、このへんの人らは絶対にこの話し合いには参加せえへんわ。だって、そんなことしたらとんでもない報復されるってわかってるし、それに、その子らがお金稼いでくれるおかげで、ここらへんの家庭の生活が成り立ってるんやからね」。

彼女の話した物語が明らかにした最大の点は、ジュヴィノクラシー[2]——つまり、経済的、社会的、道徳的な影響力を持つ黒人とラティーノの男性たち——が都市部のコミュニティの発展において極めて重要な役割を果たしているということだ。そして、ヒップホップをつうじて、ジュヴィノクラシーは若者たちの現実を、貧困を、街のことを反映する都市の賛美歌を歌い上げるのである。

ヒップホップの黎明期《ジェネシス》において、そのイメージと音《サウンド》のほとんどはニューヨークの五つの区、そして隣接する諸州から生じた。１９７９年、シュガーヒル・ギャングの「Rapper's Delight」が最初のラップソングとして商業的にアメリカ中に売り出された。そして、ビルボードのトップ10にランクインし、２００万枚以上を売り上げて、その総額は３５０万ドルにもなった。

この曲はカナダ、ヨーロッパ、イスラエル、そして、南アフリカでも大ヒットした。「Rapper's Delight」がリリースされる前後の期間、ニューヨークは負債を抱えていたために、住宅難、黒人とラティーノの住民の大規模な移転、6万人もの市役所職員の一時解雇、社会事業や公共サービスの急激な削減といった問題に陥っていた。そのため、それまで管理者として若者たちが雇われていた公園には、職員が配置されなくなってしまった。この監視の目がなくなった公園やコートが、クール・ハークのような若者たちが屋外パーティーでDJをする空間へと転じたのである。

１９８３年、グランドマスター・フラッシュ・アンド・ザ・フューリアス・ファイヴはこうラップした。「ニューヨーク、ニューヨーク、大きな夢の町。

そこにあるものすべては幻影《まぼろし》さ」。『クラッシュ・グルーヴ』、『ビート・ストリート』、『ブレイキン』、そして『ブレイキン2』のような映画は、この国の都市部に生きる若者たちに、同世代のやつらが個人として、またコミュニティとして、「若く、才能が有り、一文無し」という現象と実際にどのように格闘しているのかを目にするきっかけを与えた。『ブレイキン2』は、ラッパー、ブレイク・ダンサー、グラフィティ・ライターの若者グループがコミュニティセンターの開放の継続を求めて画策する姿を映し出している。この物語は、アメリカの都市で問題となっている、子どもたちが遊べる公共空間の減少という現実に肉薄するものである。

グランドマスター・フラッシュ・アンド・ザ・フューリアス・ファイヴの「The Message」は1982年以降のインナーシティの苦悩を取り上げている。「俺を押すんじゃやねえ、崖っぷちぎりぎりなんだからな。なんとか正気を保とうとしているんだ。ここで生きてると、時々ジャングルにいるみたいに感じる。この現実に屈せずに生きてられるのが不思議なくらいだ」。この歌は、崖っぷちすれすれを生きる者を挑発するなと警告する。そして、コンクリート・ジャングルで正気を保つための手段として、この瞑想的な詩作を繰り返し口ずさむのだ。この曲に続けて、KRS－ワンとブギー・ダウン・プロダクションズが1987年3月にリリースした『Criminal Minded』も、都市における若者の貧困問題を取り上げた。そしていま、騙りの悪だくみ《トリック》だらけで満足のいく待遇《トリート》を十分に講じないアメリカ都市部の「苦難続きの生活」(Hard Knock Life)について、ジェイ・Zが歌っている。[3] 広範なヒップホップの歴史は、こうした権利の剥奪と魂を刺し貫く痛みの結果を反映するものなのだ。

映画『カラーズ 天使の消えた町』とその主題歌「Colors」は、年配のアメリカ人に衝撃をもたらし、若者たちにとってはロサンゼルスのギャングの生きざまへの好奇心をそそるものだった。「ギャングスタ！ ギャングスタ！」と叫ぶイージー・Eの声は、最下層のインナーシティに生きるドラッグディーラーの真言《マントラ》として機能した。映画『ポケットいっぱいの涙』[4]や『ボーイズン・ザ・フッド』は、ゲットーでの生活を垣間見させてくれる映像作品だ。そして、ラップスターたちは作品の登場人物を演じることで、自分自身の人生やリリックをアメリカ中に晒け出したのだった。

1988年、警官によるロドニー・キング殴打事件の3年前、ラップグループNWAが話題を呼んだヒット作をリリースし、そのなかで都市の若者に執拗な嫌がらせをする警官を痛烈な言葉で攻撃した。[5] NWAのメンバーであるアイス・キューブ、イージー・E、ドクター・ドレー、MCレン、DJイエラは、ストークリー・カーマイケル、H・ラップ・ブラウン、ヒューイ・P・ニュートン、ウィリー・リックス（後にムカサ・ダダに改名）によるブラック・パワーの要求を想起させるような威厳をもって「ファック・ザ・ポリス！」と叫んだのだ。[6] そして、ロス市警によって残忍な暴行を受けるキングの姿を映したビデオテープは、その叫びの背景にあるものを白日のもとに晒したのだった。

アイス・キューブが「How to Survive in South Central」で「サウス・セントラルでの生き残り方。ここでは、チャカでぶち込むのは基本中の基本」とラップしたのは、都市を生き抜くための教訓を示すものだった。このリリックは、サウス・セントラルに銃器が蔓延していることを反映している。映画『セット・イット・オフ』では、クイーン・ラティファ演じるクリオが、工場がまだ稼働していた頃には都市に生きる庶民の生活がどれほど満ち足りていたかを回想する場面がある。その後に続く場面では、クリオと彼女の仲間たちは経済的にぎりぎりの状況に陥り、いくつもの銀行強盗を働いてしまう。ヒップホップとその文化はそれぞれの時代に広まったトピックの年代記《クロニクル》であり、それゆえに、都市の中心に生きる者の現実についての詳細な歴史的記録を提供するのだ。

都市の詩人たちの存在、そして都市の危機をめぐるかれらの奥深い解析は、東海岸と西海岸だけに特有のものではない。ヒップホップは単なる一時的な流行で短命に終わるとみなされたが、全米に広がっていった。アトランタがたびたび「南部のニューヨーク」とたとえられるのは、いくつもの一流企業を擁しているからだ。そして、アフリカ系アメリカ人がこの街を遠回しに「ブラック・メッカ」と呼ぶのも、ここには経済的に成功したアフリカ系アメリカ人が他の町と比べものにならないほど大勢いると思われているからだ。

さらにアトランタは、ラフェイス・レコードとその共同設立者で音楽プロデューサーとして類稀な才能を誇るケネス・〝ベイビーフェイス〟・エドモンズが本拠地にしてから、ヒップホップの新たな中心として勢いに乗っている。プラチナ級のヒットを連発する彼のプロダクションは、ヒップホップの内外を超えて様々なジャンルを交差している。そして、彼のパートナーであるLA・リードは、アウトキャストやグッディ・モブといった画期的なグループとの契約に貢献した。また、ジャメイン・デュプリのソー・ソー・デフ・レコーディングスもアトランタにオフィスを構えている。その他にも、ダ・ブラット、（アレスティッド・ディヴェロップメントの）スピーチ、クリス・クロス、モニカ、トニ・ブラクストン、そしてTLCもアトランタを拠点に活動している。

　グッディ・モブは「ダーティ・サウス」についてこう描写する[7]――レッド・ドッグス（アトランタの麻薬取締局員）が都市部《アーバン》のコミュニティの家々のドアを蹴破って押し入ってくる場所だと。アトランタのアウトキャストが創り出す「南部のプレイヤー風」（southernplayalistik）の音楽は、[8]90年代前半にヒップホップ・コミュニティに登場した。かれらは自分たちを「アトランタ星人」（ATLiens）だとみなしている——都市の生態系において南部で絶滅に瀕したクリーチャーだというのだ。[9]「Decatur Psalm」（〔アトランタに隣接する郊外都市〕ディケーターの聖歌）では、毎年のように仲間の遺体を墓地へと担いでいかなければならない現実に言及している。犯罪に取り囲まれた若者たちの生活環境が、実年齢よりもはるかに聡明な——「会話を遮って最良の策略を示す老人のように」（broke in like some old men）[10]——熟練のならず者《サグ》を創り出してきたと。地元の現実を反映したアウトキャストのリリックは、アトランタも都市の問題を抱えていることを示唆する。

　アトランタにいたとき、わたしはぼろぼろの倉庫や工場の廃墟ばかりが立ち並ぶ、活気を失ったコミュニティを目の当たりにした。それとは対照的に、デカルブ、コブ、グウィネット、クレイトン、そしてダグラスといったアトランタ郊外の郡《カウンティ》には、最新技術を取り入れたオフィスビルがいくつも建っていた。公営住宅を解体して、ミドル～アッパークラスの家々や場合によってはゴルフ場に建て替えるという全国的な傾向が、アトランタでは顕著に見られる。仕事や雇用がなく、経済的に安定した市民がいないというアトランタの都市空間の状況は、わたしが知っている他のフッドとそっくりである。

1993年、わたしはフリークニック――1年に一度、週末の3日間にかけてアトランタで行われていた、アフリカ系アメリカ人の大学生たちが主催するアメリカ最大のパーティー――に参加した。[11] 1万人を超えるアフリカ系アメリカ人の大学生が、このパーティーのためにアトランタに結集する。コンサートは売り切れ。ホテルは満室。各地から集まった学生たちは、アトランタで総計100万ドル以上をその週末に費やすのだ。わたしと友人はアトランタに到着すると、ダウンタウンからピーチツリー通りへと向かった。そこでは、押し寄せた車で道は渋滞し、全国各地から――ブロンクスからバーミンガム、シカゴからサクラメント、ダラスからアナーバーまで――集まった若い黒人男女の同胞たち《ブラザーズ・アンド・シスターズ》であふれかえっていた。ただ、この騒がしい週末にもいくつかの問題があったのだ。

フリークニックにやってきた者のなかに、空に向かって拳銃を撃つ男がいた。すると、当然警官たちが何人もやってくる。とんでもない状況だった。そこにいたフリークニックの参加者たちはこの男性を取り押さえて、警察に引き渡した。多くの学生たちが、第二のロドニー・キング事件になりはしないかと叫んだ。そもそもこの発砲の前から、警察はわたしたちがピードモント公園[12]のような屋外のパーティー会場へ行くのをとにかく妨害してきた。日曜日の夕方、パーティーが頂点に達したとき、警察当局はアトランタから外へ向かうすべての道路で交通規制を行ったのだ。そのせいで、アトランタ市民のなかには帰宅できない者もいた。

それ以来、アトランタではダウンタウンの商業エリアで好ましくない連中がたむろするのを抑止するための政策が実施されてきた。１９９５年から１９９６年にかけて、「アーバン・キャンプ」条例によって屋外で寝ることを違法とし、ダウンタウンからホームレスの男女を排除しようと画策した。アトランタが第99回オリンピックの開催地となったことで世界の注目を浴びていたことを思い出してみてほしい。まるで、急な来客の前に慌てて靴をクローゼットに押し込み、散らばった書類をデスクマットの下に隠すように、アトランタは急ピッチでホームレスの人びとを刑務所に詰め込んだのである。そして、その多くはオリンピック期間中、そこに収監されたままであった。

また、巡回禁止区域《ノー・クルージング・ゾーン》条例は、大音量でカーステレオを鳴らしてゆっくりとアトランタのダウンタウンをドライブすることを禁止した。この条例は、ブラック・メッカでは「政治的実行力を持つ若者たち《ジュヴィノクラッツ》」のライフスタイルを受け入れないというメッセージを示すものだった。[13] しかし、若者が「爆音でぶち鳴らす《パンプ》」音楽はかれらの経験を呼び起こすものだということに、そろそろ目を向けたらどうなのか。

フリークニックにやってきた若者たちは、有害分子のリストに加えられてしまった。現職のアフリカ系アメリカ人のアトランタ市長が、フリークニックにやってくるなら歓迎しないと明言したのだ。その結果、交通は高速道路へと迂回させられ、警察官は極度に敵対的な対応を見せるようになった。わたしは97

年のフリークニックのとき、アトランタに住んでいた。コーヒーハウスの共同経営に携わっていたのですぐに気づいたのだが、大規模な交通の迂回は商売の売り上げには逆効果だった。フリークニックの参加者であろうとなかろうと、わたしたちの店にアクセスしづらくなったからだ。

1997年のフリークニックに際して人の流れを統制するためのアトランタ市の計画には、交通の往来をアトランタ・ユニバーシティ・センター（Atlanta University Center, AUC）――5つの歴史的な黒人大学からなる複合体――へと誘導することも含まれていた。アトランタ・ジャーナル・コンスティテューション紙は、学生たちはAUCでなら歓迎されていると感じるだろうとコメントした。でも、それはおかしなことだ。わたしからすれば、フリークニックの巡礼者である学生たちは、このブラック・メッカでならどこでも歓迎されるはずだからだ。アトランタ・ジャーナル・コンスティテューション紙のコメントは思慮を欠いていた。それならいっそのこと「すべての若い黒人の騒がしいフリークニックの参加者たちへ。お前たちが黒人大学のキャンパスとその周りの黒人のフッドにずっと留まっておけば何も問題はない。（州間高速道路85号線で家に帰るのでない限り）そっち側から超えて出てくるな。もしそうするなら２００ドルを徴収する（フリークニックの参加者から金を取れば、かなりの額になるからな）」と書いておけばよかったのだ。

大都市の市長を務めるアフリカ系アメリカ人のなかで、アトランタ市長だけが若者のエンターテイメントやポピュラー・カルチャーに水を差したわけではない。いまヒップホップ界を賑わせているネリーは、２０００年に市長からの表彰を拒否された。セントルイス市長クラレンス・ハーモンは、ネリーのリリックの一部はセントルイスの印象を悪くすると述べた。セントルイス・ポストーディスパッチ紙は、暴力、セックス、薬物の使用と売買についてのネリーの言及は町のイメージにとって重大な問題があるとする記事を出した。

わたしはセントルイスの公立高校を卒業し、この町の生活環境のなかで様々な困難を抱える若者たちと関わる仕事を6年間務めた。それゆえに、「政治的実行力を持つ若者たち《ジュヴィノクラッツ》」について語るにふさわしい資質を備えていると考えている。ネリーとセント・ルナティックスの音楽はこの町でいま起きている危機を映し出したものにすぎない。現在、セントルイスの公立高校の卒業率は50%以下である。人種隔離廃止に逆行する厳格な州法が可決されたことで、市の生徒数が20%近く上昇する一方、予算が30%も縮小されることになった。[14] ゼネラル・モーターズの工場が、黒人の多く住む市の北部から遠く離れた郊外のウェンツヴィルに移転したことで、課税基盤と雇用の点でセントルイスに経済的空洞化が起きた。半熟練労働の雇用機会の喪失は、若者たちが学外で生活費を稼ぐ機会を奪い、非行の要因となった。そして若者の一部は、常に働き口のある「地下経済」に手を出すようになった。過去10年近くの間、セントルイスは殺人やその他の凶悪犯罪の件数で全米上位10位内の常連である。そのうち5年は、上位5位にランクインするほどだ。

いまやクラシックとなったアイス・キューブの『Death Certificate』には、セントルイスの現実に注目して取り上げた「My Summer Vacation」がある。この曲は、ロサンゼルスのサウス・セントラルのドラッグディーラーとギャングの一員が、地元のドラッグ市場が飽和状態なのを見て、セントルイスに一稼ぎしに行った様子を描いたものだ。その物語の終盤では、セントルイスの黒人の若者たち《ヤング・ブラザー》が「名前を聞いたこともないストリートに憧れて死んでいく」と歌われる。ここで取り上げられているのは、ブラッズとクリップスという〔ロサンゼルスの〕二大ギャング組織の暴力が、遠く離れた活気のないアメリカ中西部の町で発生している状況である。DJクイックは90年代初頭にこうした状況を、「セントルイスはまるでコンプトンみたいだ」(Just Lyke Compton)と皮肉を込めてラップしている。[15] ここでも、都市の若者たちの鬱積した暴力とチャンスの限られた状況という問題が繰り返し取り上げられているのだ。

ネリーのアルバムバージョンの「Country Grammar」のサビで"street sweeper"[16]という言葉が使われたことを、セントルイス市警は問題視した。しかし、ネリーや500万枚以上を売り上げたこのアルバムが、ストリートに武器を蔓延させたわけではない。この問題は、ハーモンが市長になる以前に本部長を務めていた時代のセントルイス市警の法執行、そして、ジョン・アッシュクロフトがミズーリ州知事と州検事総長を務めていた時代の公共政策がともにお粗末だったことと結びついている。[17]

実際に、ネリーはいまだに黒人男性の犯罪性という人種的偏見に煩わされているし、彼の「Greed, Hate, Envy」はその現実を明言するものだ。さらに、都市に生きる黒人の若者たちは、正しいことをしているときでさえ令状なしの不当な拘束を受け、重箱の隅をつつくようなボディチェックや車の捜査をされるという警察からの嫌がらせの餌食とされてしまう。多くのアフリカ系アメリカ人男性は、その出自を問わず、レイシャル・プロファイリングについて実体験から語ることができるだろう。80年代に10代の若者だったわたしも、白人の暮らす地域にいるにはふさわしくない肌の色をしているがゆえに、警察から何度も嫌がらせを受けた。

わたしの人生において最も屈辱的な出来事のひとつは、デートの相手を友人と一緒に迎えに行くときに起きた。目的地に到着する前に、警察がわたしたちを止めて所持品検査をし、警官のひとりが友人の下着のなかに手を突っ込むという度を超えた暴挙に及んだ。わたしたちはならず者《サグ》ではなかったのに、だ（たとえならず者であったとしても、犯罪行為をしていない限り権利は保障されている）。わたしたちはデートのために散髪してさっぱりし、あわよくばいい思いをしようとしていた思春期の2人の少年だっただけだ。わたしたちは何ひとつとして、警察による市民権と人間性の侵害が正当化されるようなことはしていなかった。これは、10年以上も前の出来事である。

アフリカ系アメリカ人が機械的に犯罪者とみなされるとき、その命は決まって危機に晒される。なぜなら、虐殺的な私的制裁を加える自警団としての役割を喜んで引き受ける白人たちがいるからだ。セントルイスの白人警官らが、発達障害を抱えるグレゴリー・ベルを容赦なく殴打したとき、ガーランド・カーター・ジュニアを背後から撃ったとき、丸腰のロナルド・ビーズリーとアール・マーレイを射殺したとき、その行動はあたかも自警団の立場にあるかのようだった。現代のリンチであるこれらの出来事のうち二つは、ネリーのアルバム『Country Grammar』のリリースよりも少なくとも3年前に起きている。

つまり、ネリーや、ジュヴィノクラシーを体現するその他のヒップホップ・アーティストたちは危機を生み出しているのではない。かれらは、自分たちの置かれた状況を詩的なリズムとともに単刀直入に言語化しているのだ。市長がネリーへの表彰を拒絶したのは、この町が輩出したチャック・ベリー以来のトップ・アーティストを軽視するばかりではない。それは、いまの若者たち、そしてこの町全体の危機への否認である。

セントルイスはニューヨーク、ロサンゼルス、そしてアトランタと同じくらい「ゲットー」である。これらの脱工業化した都市は半熟練労働の雇用を喪失し、遊び場となる空間の減少、若者の失業率の上昇、地下経済の拡大、そして都市の軍事化を招いた。若者の貧困の都市化について、それぞれの街の詩人たちが明確に、徹底的に、実存的に語っている。20年前にヒップホップが発した言葉が現在の都市の状況においても当てはまるというのは、悲しいことだが預言的である。コミュニティの形成に関してほとんど何も改善されなかった、それだけは、はっきりしているということだ。要するに、これらの都市の姿勢からわかるのは、「政治的実行力を持つ若者たち《ジュヴィノクラッツ》」を都市空間における将来有望な市民とはみなしていないということだ。わたしたちは、かれらの痛みに耳を傾け、「ボロボロになる前に、自分たちのことを見つめ直せ」(Check ourselves before we wreck ourselves)[18]というかれらの呼びかけを聞き入れることができるのだろうか。

訳注

1 コミュニティ・オーガナイジングは住民組織化とも訳されるが、貧困、教育、都市整備といった地域社会の課題を解決するために住民らが近隣の人びとに声をかけて組織化し、政治に対して行動を起こしていくことを意味する。

2 ジュヴィノクラシー（juvenocracy）は、「少年・若者」を意味するjuvenileと「政治」を意味するcracyを組み合わせた造語で、「少年たちによる政治」といった意味合いである。高齢の政治家たちが支配する政治体制に対して、青年政治家たちが主導する政治という意味で使われるが、ここでは年端もいかない若者たちがインナーシティの現実の様々な側面において影響力を持っていることを反映するものとして使われている。

3 「Hard Knock Life」は、ジェイ・Zのサードアルバム『Vol. 2... Hard Knock Life』の収録曲。ニューヨーク市ブルックリンのマーシー・プロジェクトというインナーシティの厳しい環境のなかから成り上がっていった経験を歌っている。この曲はミュージカル『アニー』の劇中歌「Hard Knock Life」をサンプリングし、コーラス部分をそのまま用いている。本文でのルビにあるトリック／

トリートは、このコーラス部分の“It's the hard knock life for us! It's the hard knock for us! Instead of treated, we get tricked”（苦難続きの生活！　本当に地獄みたい！　誰もおなかいっぱい食べさせてくれず、わたしたちは騙されてばかり）にかけている。

4　『ポケットいっぱいの涙』は、アレン・ヒューズとアルバート・ヒューズ兄弟が監督し、1993年に公開された。ロサンゼルスのサウス・セントラル地区を舞台にインナーシティに生きる若者の現実を描写している。原題の『Menace II Society』は、「社会への脅威」を意味するmenace to societyを黒人ヒップホップ世代のヴァナキュラーで綴ったものである。

5　ロサンゼルスのコンプトン出身の若者たちによるラップグループNWAのデビューアルバム『Straight Outta Compton』に収録された「Fuck Tha Police」のこと。この曲は黒人の若者たちを不当に取り締まる地元コンプトンの警察を痛烈に批判したが、セイクウが記すように、それはコンプトンに生きる若者の怒りを通して、すべてのインナーシティに共通する問題として警察暴力を暴露するものである。

6　ストークリー・カーマイケル、H・ラップ・ブラウン、ウィリー・リックスは１９６０年に組織された学生非暴力調整委員会（Student Non-violent Coordinating Committee, SNCC）のメンバー。ＳＮＣＣはキング牧師らと協調しながら公民権運動を闘ったが、１９６６年にカーマイケルが議長に選出されると、貧困などの問題解決のために黒人の自決を求める急進的なブラック・パワー運動を展開するようになった。この「ブラック・パワー」のスローガンはカーマイケルの右腕であったウィリー・リックスによって造られた。

7　前述の「Hard Knock Life」のように、本章でセイクウはラッパーたちの曲のタイトルを引用して議論しており、ここではグッディ・モブのファーストアルバム『Soul Food』収録の「Dirty South」に言及している。ダーティ・サウスとは主にアメリカ深南部の地域を指している。深南部と言えば『風と共に去りぬ』の舞台のようにのどかな田園風景を彷彿とさせるが、一方で、黒人にとっては奴隷制やリンチといった人種差別の歴史そのものである。そうした過酷な歴史と合わせて、南部の諸都市にも形成されるようになったインナーシティの現実が「ダーティ・サウス」というこのエリアへの愛称に示されている。

8　ここではアトランタ出身のヒップホップ・デュオであるアウトキャストのファーストアルバムのタイトル『Southernplayalisticadilacmuzik』を指している。

9 ATLiensのATLはアトランタの略称。エイティエイリアンと発音することから、異星人、異邦人というニュアンスも込められているのだろう。実際に、東海岸と西海岸の対立が表面化しだした1995年のソース・アワード(ヒップホップ雑誌『ソース・マガジン』主催の音楽祭典)でアウトキャストが最優秀新人賞を受賞したとき、メンバーのアンドレ3000は「サウスも言いたいことがあるんや!」(The South got something to say!)とステージで言い放っている。アメリカの主流文化やヒップホップにおける東海岸と西海岸の二項対立の外部に置かれた者からの異議申し立てという意味で、このタイトルがつけられたと思われる。

10 アウトキャスト「Decatur Psalm」における、グッディ・モブのビッグ・ギップのリリック。

11 フリークニック(Freaknik)は、黒人大学であるスペルマン・カレッジとモアハウス・カレッジ(本文で後述されるAUCに属している)のワシントンDCエリア出身の学生たちのグループが、1983年の春休みに大きな公園で開催した野外パーティーから始まった。モアハウス・カレッジの史学科教授でアフリカン・アメリカン研究科長を務めていたマーセラス・バークスデールによると、当時リック・ジェームスの「Super Freak」が流行していたことから、バカ騒ぎ《フリーク》できるイベントということでフリークとピクニックを合わせてフリークニックの名がつけられた。その規模は年々大きくなり、春休みになると何万人もの黒人の若者たちがアトランタに来るようになった。その結果、警察の取り締まりが過剰になり、1999年を最後にフリークニックは行われなくなった。訳者は2001年にモアハウス・カレッジに入学したが、上級生や地元の若者からフリークニックがどれだけすごかったかという話を何度も耳にした。

12　アトランタの中心部で高層ビルが立ち並ぶビジネスエリアのミッドタウンと、中産階級や上流層の暮らすエリアの間に位置する広大な公園。

13　「ジュヴィノクラッツ」(juvenocrats)とはジュヴィノクラシーの主体である、インナーシティの現実のなかで政治的実行力と影響力を持つ若者たちを意味する。一方で、ブラック・メッカとはセイクウが53頁で指摘するように、黒人の中産・上流階級が経済的な力を有していることを示すものである。つまり、フリークニックでの一連の出来事は、黒人の中産・上流階級の中年世代とジュヴィノクラッツの若者たちとの世代間の価値観の衝突を象徴している。

14　公民権運動以降、人種構成の均衡による学校での統合を実現するために、一部の生徒を遠方の学校へ通学させるバス輸送プログラム「バスィング」(busing)が始まった。また、専門教育や特定の分野に力を入れたカリキュラムによって通学区を越えて磁石《マグネット》のように優秀な生徒を引きつける公立学校選択制度「マグネット・スクール」が始められた。セントルイス市でのこうした取り組みはミニー・リデルらの訴訟により一九七二年に始まったが、一九九九年に連邦裁の判事がこれらを一〇年以内に終了すると決定し、市や州の予算は縮小した。

15 「Just Lyke Compton」は、DJクイックのセカンドアルバム『Way 2 Fonky』の収録曲。セントルイスだけでなく、オークランド、デンバー、サンアントニオといったアメリカの町々が、ロサンゼルスのインナーシティの文化からいかに大きな影響を受けているかをラップしている。

16 “street sweeper”とは街路清掃車を意味するが、転じて、敵を一掃するものという意味で半自動式の機関銃を表すスラングである。

17 ジョン・アッシュクロフトはジョージ・W・ブッシュ政権で第79代司法長官を務めた。

18 アイス・キューブのアルバム『The Predator』に収録された「Check Yo Self」のフックをもじっている。

4章

ヒップホップという宗教

hip-hip religion

黒人音楽はまた、社会的であり政治的である……。その歌をつうじて、白人社会の規範とは対極のものとしての新たな政治的意識が途切れることなく創造されてきた。黒人音楽は同様に神学的でもある。つまり、人びとを連帯と自己決定へと押し出す神の聖霊について示すものだからだ。黒人の感情を揺さぶる聖霊に出会うときに、黒人でありながら心を動かされないことは不可能である。

…………**ジェイムズ・コーン**

わたしは、女性の聖職者と神学者がわたしたちの生における悲しみと驚きの実態を最初に読み取ったと考えているわけではない。しかし彼女たちは、預言的現実においてそれらが重要な側面を担っていることをわたしたちに示した。

…………**ウォルター・ブルッゲマン**

教会が階級意識を強め、教会に行かない世代に敵対するようになるにつれて、音楽の空間は教会のオルタナティブとして霊的な表現や探求の場となった。したがって、わたしたちの世代の出発点とは教会でありえるわけがなく、その対極にある、世俗的で、ときに冒瀆的ですらある場――クラブ――なのである。

地元のクラブに遊びに行ったとき、そこにいた人びとがグルーヴに身をまかせ、いくつもの曲に反応している様子をじっと見ていた。そのとき、わたしの世代にとってこの空間がいかに重要であるかに気づいた。常連客がどんな経験をしてきたかは、その人がどの曲に特別に反応するかを見ていればわかるものだ。たとえば、映画『ため息つかせて』[1]のサウンドトラックに収録されているメアリー・J・ブライジの「Not Gon' Cry」がかかったとき、恋人から酷い形でフラれた経験のある女性は「これ、わたしの歌!」と叫んで、フロアで脇目もふらずに踊るのだ。この歌は、ひとりの女性がパートナーの男性を支えるために多くの犠牲を払いながらも、他の女のために捨て去られた苦しみを痛ましいまでに共有するからである。

それゆえ、特に教会のような「若者たちに見捨てられた」[2]空間に代わって、ダンスフロア、校庭、歩道、ジープ、高級車、あるいは逆にぼろぼろの車が世俗における神聖な場となる。そこではDJ、MC、ラッパーたちが大祭司なのだ。これらの男女の大祭司はレコードや金属製の祭壇《ステージ》の上で、異議申し立てをする都市の抵抗者《プロテスタント》たち――霊的な居場所を奪われ、近年のアメリカの悲喜劇的な現実を滲ませた若者たち――のためにぶっといビートと詩的な生贄を献げるのだ。

ザ・ラスト・ポエッツの政治的論争術、アフリカ・バンバータが率いたラップする宗教的なズールー・ネイション、そして、DJクール・ハークのブロンクスの「荒れ野」の旅。これらは、都市の物語という原典を宗教性へと引き寄せていった。70年代、ザ・ラスト・ポエッツは「黒人たちは革命を恐れている」(Niggers Are Scared of Revolution)、「白人たちは神へのコンプレックスを抱えている」(White Man's Got A God Complex)という地獄の責め苦に満ちた批判を言葉に込めた。そして70年代中頃から終わりにかけて、ブロンクスの洗礼者ヨハ

ネとも言えるクール・ハークは、ブロンクスの荒れ野を彷徨いながら都市の遺物――二台のターンテーブルと一本のマイク――を結晶させて、ゲットーの良い知らせと悪い知らせについてラップした。

80年代前半には、アフリカ・バンバータのアルバム『Planet Rock』が重要な意味を持っていた。そのタイトル曲を聴き、それに合わせて踊るとき、都市の抵抗者《プロテスタント》たちは霊的に変貌し、ゲットーという小宇宙の現実から遠く遠く離れた饗宴の場へと連れ出されるのだ。ズールー・ネイションの創始者であるバンバータは、９０００人以上のメンバーを抱えていた。非暴力を掲げるこの集団は、反ドラッグ・アルコールのプログラムを主催し、ポジティブな自己イメージを持つことをニューヨークの若者たちに奨励した。

グランドマスター・フラッシュ・アンド・ザ・フューリアス・ファイヴの「The Message」は、ヒップホップ・カルチャーの葛藤を次のように表している。

俺を押すんじゃねえ、崖っぷちぎりぎりなんだからな。

なんとか正気を保とうとしているんだ
ここで生きてると、時々ジャングルにいるみたいに感じる。この現実に
(A ha, ha, ha)
屈せずに生きてられるのが不思議なくらいだ

子どもたちはなんの感情もなしに生まれてくる
人間の生き方についてまだ何もわかっていない
神はお前たちに微笑んでいる、でも、眉をひそめてもいる
だって、神だけがこれからお前たちが経験する苦しみをわかってくれて
いるから

お前たちはゲットーで貧乏な暮らしをしながら育つだろう
そして、その目は深い憎しみの歌を唄うだろう

お前たちの遊び場も、そして、お前たちの居場所も
ひとつの大きな路地裏のように見えるだろう

　挑発するなとの命令、つかの間の喜劇、悲劇への戸惑い、不利な状況との格闘、子ども時代の純真、神の恩寵と怒り、二級市民としての暮らし、魂の窓ガラスから漏れ出る憎しみの賛美歌、そして、スラム街の悪徳家主が取り締まる住居。こうした現実が、この世界における自分の役割を系統的に理解するための宗教的な素材である。ブラックアーバンの再生《ルネッサンス》においてヒップホップの宗教性とは、存在の根拠、本性、そして目的との関係性をめぐる、都市の抵抗者《プロテスタント》の本質的な信念と身ぶりのダイナミックな実践なのである。

　かれらが超人間的な行為者性《エージェンシー》を創造し崇拝することとは、ヒップホップにまつわる事柄（音楽制作、言語、そしてファッション）のための儀式（つまりリアルであり続けること《キープ・イット・リアル》）を伴う。ヒップホップの宗教性とは、世俗の会衆において聖なるものとスラムの価値観とが取り交わされることである。

アフロセントリシティ、[3]ネイション・オブ・イスラーム、そして、アフリカ系アメリカ人の教会は、ヒップホップの宗教性の情報源である。アフロセントリシティとネイション・オブ・イスラームは、アフリカ・バンバータのズールー・ネイションに影響を与えた。以前ネイション・オブ・イスラームに属していたカリッド・アブドゥル・モハメッドは、[4]アイス・キューブやパブリック・エネミーの音楽について説教をしたことがある。アレスティッド・ディヴェロップメントの「Southern Fried Funk」はアフロセントリックな宗教性に満ちている。そして、MCハマーとR・ケリーは楽曲制作にゴスペル・クワイアを起用してきた。

エリカ・バドゥの『Baduizm』のCDは、アフリカ系アメリカ人の色彩あふれる音楽的、宗教的な伝統を土台にしている。彼女が身に纏う民族的な衣装から、そのアフロセントリシズムを感じ取ることができるはずだ。古代エジプトの命のシンボルであるアンクがCD本体とそのジャケットを飾っている。そのジャケットのなかで関係者への謝意を含むクレジット欄にはこう記されている。

「父／母なる創造者、あなたがわたしを通してこのアルバムを存在させた……東方、西方、北方、南方、天国、奈落の底、そして、すべてを包む大気に大いなる敬意を」と。ビリー・ホリデイを彷彿とさせる情熱的な哀愁を帯びた声が、ヴァラエティに富むいくつものイカした曲のなかに解き放たれている。ステージ上での彼女の存在感だけでも、ヒップホップの女性大祭司という称号のふさわしさを十分に証明するものだ。最初にリリースされた「On & On」は、ファイヴ・パーセンターズの神学にインスパイアされたものだった。そのなかで、彼女は宇宙船《マザーシップ》や算術《マスマティクス》といったファイヴ・パーセンターズのモチーフについて歌っている。

「Other Side of the Game」では、「警察《やつら》が来たら、どうすんの?」[5]と繰り返し歌っている。それでも黒人の兄ちゃん《ブラザー》がハッスル——手っ取り早く金を得るために違法行為に手を染めること——するしかないのは、生活に必要な金が稼げるからだ。生きるためにしなければならないことをする者に、神は加護を与えるのである。フリースタイルのスキット「Afro」では、バドゥは恋人に約束を破られた仕返しに彼のポケベルを破裂させる《ブロウ・アップ》（つまり、何度も彼のポケベルに呼び出しをする）と「Miss Celie's Blues」[6]の旋律に乗せて歌っている。彼女のセカンドアルバム『Erykah Badu Live』では、収録曲の「Tyrone」とともにこうした都市のブルースのスタイルを継承している。タイロンという名の友人を持つバドゥの恋人は、いつも彼女を軽視して不当に扱ってきた。2人の関係を築くための責任を果たさず、心理的にも物質的にも支えようと一切してこなかったのだ。そのくせ、いつも性的な見返りばかりを求めてくる。そして、彼の友人たちと出かけたとき、車の後部座席に乗せられた挙げ句、全員の遊び代の支払いをせがまれた彼女は、彼に「タイロンに電話をしたら」と告げるのだ。もうこの関係はおしまいで、すぐにここから出ていけということだ。

　この曲の最高なところは、この女性大祭司がその飾りをすべて取り払って、男女のリアルを下ネタも含めて泥臭い《ダウン・アンド・ダーティ》ままに、ズバッと言ってのけていることだ。彼女は天国にさほど関心を抱いておらず、それゆえに、世俗的な振る舞いも全く褒められたものではない。[7]このアティチュードは、自分がどこから来たかを忘れない感性を必要とする。バドゥの音楽が示す霊性は、神学的規範と現実を一体化させるものだ。この諸規範は彼女の3枚目のアルバムで、荷袋《バッグ》を運びまわる女性《シスター》たちに「身軽になりな」と深い愛を込めて警告したときにその真価を見せた。[8]

つまり、バドゥの生き方《バドゥイズム》とは、ある人間やある世代の終末論的な切望といった幅広いテーマの隠喩なのである。これらの切望は人生の様々な経験を中心としている。そこで確信されているのは――抽象的な教義のようなものではなく――道徳的権威である。バドゥイストの終末論的あるいは彼岸的とも言える要求は、アメリカン・ドリームの空虚さを超越すること、そして自己実現と自己肯定の場に存在することに深く関係している。自己の空間は、市場やゲットーをはるかに超えたところにある。それは、リズムの上で弾んで《バウンス》自分自身になれる場である。つまり、バドゥの音楽そして最良のアフリカ系アメリカ人の音楽的伝統によって、リスナーたちは生きることの喜びを経験し、その不条理を抱きとめて、なんとか気を確かに持って生きていくことができるのだ。

もし、ヒップホップの宗教性が存在論という名の家であるなら、バドゥイズムはそこに備え付けられた実存主義という家具である。ヒップホップはまさに宗教なのだ。そして、バドゥイズムはそのなかの教派なのである。バドゥイズムはオベア、ヴードゥー、ポコメニア、そして、その他にもアフリカ系アメリカ人が「新世界」での経験のなかで生み出してきた宗教と同じ系譜上にある。[9]これらは都市の抵抗者《プロテスタント》たちに、闘うための武器と、滅びゆくアメリカという大荒れの海を渡るための道徳的指針《モラル・コンパス》を与える。

どの宗教であっても生き残っていくためには、その起源となった土地の境界を超えていかなければならない。その信仰者たちを霊的に奮い立たせ《インスパイア》、かれらのライフスタイルに刺激を与え、矛盾に満ちた世界に生きる希望を抱かせる力がなければならない。アフリカ系アメリカ人の伝統において、あふれる希望と創造的な霊感《インスピレーション》は、鋭い批判をなす手腕と預言的洞察によって言い表されてきた。しかし、都市の音楽の預言的な衝動を広めるためには、女性大祭司だけでは不十分である。ヒップホップが必要としているのは、断絶のはざまに立ち、「１００ドルの札束《ベンジャミン》」と「大きなケツ《ビッグ・ブーティー》」の荒れ野で叫びを上げる預言者なのだ。[10]

現代の女性預言者であるローリン・ヒルは、深遠な自己批判を通してわたしたちの前に現れた。ヒルは預言者エレミヤの伝統を身にまとい、歴史が浅いながらも豊穣な音楽ジャンルを（資本家が生み出した競争や格差を正当化するための）市場倫理にもたらした世代のど真ん中に立っている。ダニー・ハサウェイやマーヴィン・ゲイのように、彼女は大胆にも愛と官能を神と救いに結びつけるのだ。彼女は誰もが知っている言葉で語るゆえに、大衆にもすんなり受け入れられている。

彼女がデビューアルバム『The Miseducation of Lauryn Hill』をリリースする前、彼女が属していたラップグループのザ・フージーズによる〔ロバータ・フラックの名曲〕「Killing Me Softly」のカバーが、ラジオやテレビのヒップホップ番組で鳴りまくっていた。そして、ラッパーのコモンとの共作である「Retrospect for Life」には心揺さぶられた。この曲は、中絶と出産に関する問題に男性の視点を通して真正面から向き合うものだった。子どもの父親になったことを知ったとき、男たちも「もしものこと」をいくつも考えて悩むということだ。この曲のバックに聴こえるヒルの声は、まるで天使のようである。

映画『ラヴ・ジョーンズ』のサウンドトラックで、彼女はうめき声を漏らすように「この世で最も甘美なもの」(The Sweetest Thing)[11]について歌っている。情熱的に飾られたこの曲は、大きな高級車やポケットいっぱいの大金は恋愛関係における成功を示すものではないとして突っぱねている。それよりもむしろ、腰のくびれに触れられ、鎖骨にキスされることが、黒人の身体に敬意を表す——決して悪しきものとみなすのではなく——肯定的な振る舞いなのである。彼女が切望するのは、自身の〔当時二〇歳そこそこという〕年齢を超えた考えや態度を表し始めるほど陶酔するような愛の関係なのだ。

この種のオールドスクールな(愛を告白する《テスタメント》)バラードに学んだアーティストとして、彼女はソウルの女王アレサ・フランクリンのために作詞・作曲するまでになった。ヒルがアレサのためにプロデュースした「A Rose is Still a

Rose」の中心となるテーマは贖いである。その大胆な歌詞はヒル自身が監督したミュージック・ビデオによって引き立てられている。そのビデオでは、遊び人の男にいいように扱われてしまった若い女性が、自立して自信に満ちていた人間から、涙で自分を見失い当惑した魂へと変えられてしまう。

霊的な空間が映し出されると、ソウルの女王がその玉座に鎮座し、そのそばでヒップホップ界における彼女の継承者が歌詞とビートを指揮する。社会は波瀾万丈な性体験を過去に持つ女性を悪しき者とみなす。そして、彼女らは「淫売」や「尻軽」のレッテルを貼られるわけだが、一方で、同様のことをする男性は称賛されるのだ。女王フランクリンは、若い女性たちの人間性を肯定して包み込む。生活保護を受けて暮らす若い母親たちへ悪意に満ちた攻撃を加える、保守的な社会背景に真っ向から反対する。彼女らの人間性は祝され、一輪の薔薇のように無垢な存在とみなされる。「一輪の薔薇はいまでも美しい薔薇」そして「ベイビー、そこのお嬢さん、あなたはいまも美しい花」とフランクリンが歌うように。若い女性に彼女は価値ある存在だと伝えることは、端的に預言的である。女王とその秘蔵っ子は、思いやりと共感という神学が薔薇のように美しいことをわたしたちに気づかせてくれる。

『The Miseducation of Lauryn Hill』は、現代のアメリカ音楽においてまたとない重要作品である。アルバム中の曲間でヒルは、教室で愛について議論する若者たちの声を使っているが、それは「乳飲み子の口によって〔神の威光を讃える〕」(詩編8章3節)という聖書の有名な一節に当てはまる。まず第一に、就職希望者を生み出す場から真実を探求する場へと教室を変化させていることに力強さがある。わたしが言いたいのは、多くの教育者が雇用の即戦力になるという本質論的な思想に立った教育を好むのに対して、ヒルの教育と学習への実存的アプローチが斬新な考えだということではない。その意義深さは、彼女が教育の解放的な手法を、何百万もの人びとに影響力を持つポピュラー・カルチャーの媒体に適用していることにある。そこでは、若者たちは学校に銃を持ち込んで問題を起こす存在ではなく、教室の議論の場に何か重要なものをもたらすことができるとみなされるからだ。

わたしたちの暮らす社会で、若者たちが常に無視され、悪者扱いされていることには愕然とする。しかし、彼女の作品のなかでは、かれらは抑圧に対する最強の対抗手段――つまり愛――について、自分たちの大切な真実を思う存分語ることが許されている。メディア主導の議論はネット・ミームの画像のように、本来の姿に勝手な装飾をして面白おかしく映し出すことにばかり気を取られているが、彼女は理論上の愛だけでなく、愛することの痛みと喜びについても論じるのだ。

　第二に、彼女は自己批判的である。その並外れた勇気と人柄を携えて、アルバムと同タイトルの曲は成長の物語と霊的な成熟について語っている。彼女はまず自分自身を批判することで、独善性の落とし穴にはまることを回避する。かのアウグスティヌス[12]は『告白』のなかで「(神は)わたしのなかに在り、わたしは自分の外に在った」と吐露した。ヒッポの山々で語られた言葉に対して、ヒルはニュージャージーのストリートからこう応える。「助けを求める多くの叫びが聞こえる。それを自分の外側に求める人びとの声が。わたしはいまはわかっている。彼の力がわたしの内にあることを」。[13] 彼女はヒップホップ・コミュニティに向けて、自分の心の奥底以外に人間性を探し求めるのをやめようと呼びかけているのだ。

このアルバムの収録曲から最初のミュージック・ビデオとなった「That Thing」は、60年代のブロック・パーティーを90年代のストリートのパーティーにリンクさせている。そして、ヒルはそれぞれの時代を示すヒップホップ・アーティストとドゥーワップのスター歌手という姿で登場する。この二つの姿は、わたしたちのコミュニティを飲み込む危機が、断絶したこの二つの世代に及んでいることを伝えるものだ。分別のない性交について言及するこの曲は、男女両方のジェンダーに向けられている。そして、彼女自身がその批判の中心にいる。つまり、ドクター・ドレーのように、彼女も「全部経験済み」(been there, done that)なのだ。

証しは信仰者の共同体において欠かすことのできないものである。[14] 証しをするとき、その人は自らの内に艱難辛苦を溜め込んできたことによる緊張から大いに解放される。そして、そこに属すメンバーが証しを通して自分は孤独ではないことを認識するとき、その共同体は強固なものとなるのだ。自分の目の前に延びている道を他の人たちがうまく切り抜けてきたことを知るとき、慰められ、励まされる。ヒルはそうした証しを読み取り、そこから意味や答えを示すのだ。

「To Zion」は、『Miseducation』のCDのなかで最も大胆な曲である。独身の黒人女性が未婚のままに臆することなく子どもを産むことには、度胸を必要とする。彼女の息子ザイオンは、〔神に〕愛されたイスラエルと同じ名前である。ヒルのザイオンへの愛が無条件であるのと同じように、旧約聖書を通して、神がシオンに無条件の愛を与えたことが明らかにされる。新約聖書において聖母マリアは、男の子を産むと天使に告げられたことを自分の言葉で言い表している。このザイオンと名づけられた子は世界の救世主ではないが、仕事の成功にとりつかれるあまり、頭でなく心を働かせる機会を見失ってしまうという罠からヒルを救い出すのだ。

これは、出産の在り方についての議論が右派に独占されているような文化の一端に逆らうものである。右派の言い分だと、女性に妊娠が許されるのは、彼女とその夫（これは「赤ちゃんの父親」［baby's daddy］ということではない）[15]が子どもを産んで育てる上で適切で伝統に即した基準を満たした場合のみである。この見方は、ヒルとその子を除外している。ついでに言えば、それはわたしの祖母とわたし自身をも除外しているのだ。ソージャナー・トゥルースの有名なスピーチ「わたしは女じゃないの?」（Ain't I A Woman?）がそのことを明確に示している。[16]彼女は何人かの子どもを産み、懸命に働き、人種、階級、ジェンダーについて鋭く批評した。ヒルはこの流儀を継承し、雑誌の表紙やビルボードチャートを賑わせるなかで第二子を出産した。

ヒルはさらに、ヒップホップとそのアーティストが持つ道徳性と意味についても検証している。ビギーとトゥーパックの死以来、ヒップホップにはぽっかりと大きな穴があいてしまった。かれらの死以前から、ヒップホップは明らかにアメリカ文化の市場倫理から影響を受けていた。そして、確かにビギーもトゥーパックも、物質主義とミソジニーという時代に逆行した考え方を市場に売り出していた。ただし、かれらはスキルに富んだ表現者でとても愛嬌があり、そのリリックの中身には卓越した深さがあったのだ。そんなかれらの死以降、ラジオやテレビは、ありきたりのライムをいかしたビートに乗せてキャッチーなフックを添えただけの曲ばかりであふれてしまっている。

それゆえに、ヒルは「スーパースター」[17]——100万枚ものCDを売り上げるラップスターたち——に預言者的な眼光を光らせているのだ。そして、メガ・ラップスターたちに対して、彼女はこんな疑問を投げかける。「さあ、あなたたちの考えを聞かせてよ。アーティストっていったいどうあるべきなのかについてね。それって、莫大な富を持ちながら、現実についてなんの考えも持っていなくてもいいってことなの？」自分の関わる芸術分野を公然と批判するためには、単に自分だけが生き残ることを見据えた思考を超越するコミュニティ意識を持ち合わせていなければならないのだ。

わたしは、セントルイスのフォックス劇場で満員御礼となったローリン・ヒルのショーを見に行った。その場のエネルギーは驚くほど素晴らしかった。そこに集っていたのは、この世代ならではのエンターテイメントと表現を築いてきたアーティストへの熱を共有する、多人種で様々な社会階層の若者たちだった。多様な人種で構成された観客を目の当たりにして、こんな状況が起こりえなかった時代に思いをめぐらせていた。

1960年代、わたしの上の世代が大きな劇場に入ることを許されたのは年に一度、兄弟愛の日だけだった。[18] この日のショーの前座を務めたのはアウトキャストで、大いに会場を揺らした。かれらは、いまやヒップホップのクラシックである「Rosa Parks」で会場の空気を一気に盛り上げた（興味深いことに、パークス氏はヒップホップの低俗さと関連づけられたくなかったがために、代理人を通してアウトキャストを訴えた。これに対してアウトキャストは、彼女に公民権運動の母としての称賛を送りたかったんだと述べた。ローザさん、残念だ！）。[19]

ローリン・ヒルは霊的にハイな状態でフォックス劇場のステージに姿を顕した。舞台照明はステンドグラスの窓を舞台に作り出していた。高い位置に窓が映し出され、舞台は完全に暗闇に包まれるなか、天使のような声が問いかけてきた。「なぜわたしはこんなな弱気になっているの。なぜ影が覆っているの。なぜ心はこんなに孤独を感じているの……イエスはわたしの大切な一部で、誠実な友。彼の眼差しは一羽のスズメの上に注がれている、そして、わたしを見守ってくれている」。[20] 観客は感情を爆発させた。文化的アイコンとなったローリン・ヒルは、ジャンルを超えた大きな魅力を携えながら、黒人教会の伝統のど真ん中に立って、ジェネレーションXとそれに続く世代を熱狂させたのだ。そのとき、わたしは自分の世代でなければ生み出せなかったムーブメントの一部になったと感じた。わたしはクワメ・トゥーレ（以前はストークリー・カーマイケルの名で知られた）の弟子であり、いくつもの抗議運動に関わってきたが、この夜のエネルギーのようにわたしを動かしたものはひとつもなかった。

アメリカ同様に、ヒップホップは危機に瀕している。物質主義が蔓延し、多くのラッパーたちが死んでしまった。「ブラックアーバン」の再生《ルネッサンス》のためには、霊性の再生《ルネッサンス》が必要である――それは、アーバン・ミュージックのリスナーたちの魂に触れ、霊的そして社会的正義を推奨するような運動である。ヒップホップの宗教性はそうした運動の契機なのだ。重ねて記すが、『The Miseducation』のアルバムを通してローリン・ヒルは、魂と社会を発展させるためのプロセスの中心となる二つの原則を繰り返している――愛と自己批判である。

ヒップホップ・コミュニティには、小さいながらも力強い預言的ないくつもの声が残されている。わたしたちは、その声が黒人の若者たちの霊的な歩みに果たした貢献を認めて、称賛を送らなければならない。ぶっといビートとタイトなリリックは、アフリカ系アメリカ人に絶望に抗して希望を抱かせてきた音楽的伝統の一部なのだから。

訳注

1 『ため息つかせて』は黒人作家テリー・マクミランの小説を映画化したもので、4人の黒人女性の友情と、それぞれのパートナーとの葛藤を描いた作品。ブライジの「Not Gon' Cry」も、登場人物の女性たちの思いを代弁するような内容となっている。

2 「神に見捨てられた（それゆえに荒廃した）」という意味の godforsaken をもじった youthforsaken という言葉が用いられている。

3 アフロセントリシティ（Afrocentricity）の用語は、アフリカン・アメリカン研究やアフリカ研究の第一人者であるモレフィ・ケテ・アサンテによって広められた。しばしばアフロセントリシティの同義語としてアフロセントリズム（Afrocentrism）が使われるが、アサンテはこの二つの言葉をまったく異なるものとしている。アフロセントリズムが奴隷制や植民地主義をつうじてアフリカ系の人びとを支配してきたヨーロッパ中心主義（Eurocentrism）の価値体系を覆すための思想であるのに対して、アフロセントリシティとはアフリカの価値体系によって自らの歴史や文化を捉え直し、そこから創造していくための文化的枠組みを指す。

4 カリッド・アブドゥル・モハメッドは、ネイション・オブ・イスラームの指導者であるルイス・ファラカンの側近として教団のスポークスマンを務めた。しかし、反ユダヤ的発言などによって教団から離れることとなった。１９９７年にはニュー・ブラック・パンサー党の全国委員長になるも、２００１年に急逝。

5 サビで繰り返し歌われる"What you gonna do when they come for you?"のフレーズはレゲエグループのインナー・サークルが歌う「Bad Boys」のコーラス部分から引用したものである。警官が追いかけてきたらどうするかと歌うこの曲は、アメリカの主要テレビネットワークのひとつであるＦＯＸで１９８９年から放送されていたリアリティ番組「Cops」のテーマ曲として使われ続けたことで有名である。「Cops」は事件現場に駆けつける警察官に同行して状況をそのままに映し出す番組であり、バドゥの歌もこの情景を彷彿とさせる。一方でこの番組については、事件の容疑者として黒人男性を映し出すエピソードが多いという批判がされており、５章でセイクウが言及する黒人男性の「過剰な可視性」に加担してきたたと言える。

6 映画『カラーパープル』で歌われたクインシー・ジョーンズ作曲のブルース。

7 原文の“She is not so heavenly minded that she is no earthly good”は、“Heavenly minded, no earthly good”や“Don't be so heavenly minded that you're no earthly good”といった決まり文句をもじったもの。これはキリスト教徒が人口の75%を占め、週に一度以上教会に行く人が40%もいるアメリカならではの表現で、教会で語られる「天国での救い」に心を向けすぎると浮世離れしてしまうという意味である。この表現は、教会の内部の人間が過熱した信仰に釘を刺すときや、教会に行かない人が福音派のような熱狂的信仰者を揶揄するときに用いられる。セイクウはこの表現の前半部分を直訳すると「天国に熱心ではないがゆえに」と変えている。それは、「天国での救い」のみに目を向けさせるような聖書解釈は、この世の現実から目を背けるものでしかないという批判でもあろう。この批判は、奴隷制時代に白人説教者たちが奴隷労働は「天国での救い」によって報われると黒人たちに語ったことにもつながる。

8 アルバム『Mama's Gun』には、生活用品を荷袋に詰めていつも持ち歩くホームレス女性を示す「Bag Lady」と題した曲がある。これは、自分を軽視する恋人との関係によって様々な重荷を背負った女性のアナロジーであり、「身軽になりな」との言葉はそうした女性たちへの共苦の連帯を歌い上げるものである。

9　オベア、ヴードゥー、ポコメニアは、西アフリカから奴隷としてアメリカ大陸やカリブ諸島に連れてこられた人びとが、アフリカの民俗宗教とキリスト教や原住民の文化を混合させて生み出した宗教・慣習である。ヴードゥーやポコメニアのような集団での儀礼ではなく個人的な営みとして行われるオベアは、魔術によって人間に危害を加える死霊を操る呪術的慣習であり、カリブ諸島の諸国では違法行為とされてきた（現在、バルバドスやトリニダード・トバゴなどでは非犯罪化されている）。だが、オベアを危険視して違法化するのは植民地支配の弾圧の手段であり、本来それは霊的慣習をつうじて正義を実現するためのものであった。ヴードゥーは、西アフリカで広く実践されるヴォドゥンを起源とする。ハイチをはじめとするカリブ諸島に奴隷として連れてこられた人びとによって、ヴォドゥンとカトリックが混淆してヴードゥーとなった。その混淆は、ヴォドゥン信仰を白人の弾圧から守るためにカトリックを隠れ蓑としたものとも考えられる。ポコメニアはオベアのように憑依を中心としたものであり、ジャマイカで誕生したミャルを起源とする。オベアが他者を攻撃するも

のであるのに対し、ポコメニアは神や先祖の霊を呼び起こして力を得ることを目的とする。ジャマイカにおいてバプテスト派の教会に取り入れられ、19世紀後半のリヴァイヴァル運動のなかでポコメニアと呼ばれるようになった。ゾラ・ニール・ハーストン『ヴードゥーの神々——ジャマイカ、ハイチ紀行』（常田景子訳、筑摩書房、1999年）に詳しく書かれている。

10 100ドル紙幣にベンジャミン・フランクリンの肖像画が用いられていることから、ベンジャミンとはスラングで100ドル札や金銭のことを指す。たとえば、パフ・ダディ・アンド・ザ・ファミリーの「It's All About Benjamins」（金がすべて）といった曲がある。セイクウがここで「100ドルの札束」と「大きなケツ」について記すのは、ラッパーたちのミュージック・ビデオやアルバムのジャケットなどに映し出されるイメージがもたらす消費主義やミソジニーの問題を指摘するためだろう。

11 ヒルが『ラヴ・ジョーンズ』に提供した楽曲のタイトル。同段落最後の「陶酔」（so intoxicating）という言葉もこの曲の歌詞からの引用である。

12 アウグスティヌスは4世紀に北アフリカのタガステ（現在のアルジェリア）に生まれ、ローマ帝国時代の教父として、キリスト教の正統信仰の形成に多大な影響を与えた。『告白』は幼少期の怠惰や青年期の放埒を経て回心へと至った自身の歩みを赤裸々に綴っている。

13 「The Miseducation of Lauryn Hill」の2ヴァース目のリリック。

14 教会の礼拝での「説教」は、牧師が聖書の言葉を通して慰めや励まし、希望や解放のメッセージを語るものである。それに対して、「証し」は信徒によるものであり、自身の出来事のなかで与えられたイエスとの出会いが語られる。苦悩や葛藤の只中に共に在るイエスを見出したことを語り、救いが本当のことであると証しするのである。

15 “baby's daddy”は単に赤ちゃんの父親というだけではなく、子どもを介した腐れ縁といったニュアンスがある。特に、女性を妊娠させておきながらその養育に必要な諸々の支援を一切せず、その女性とは別の女性と関係を持つ「ダメなやつ」といった意味で使われることが多い。

16 ソージャナー・トゥルース（Sojourner Truth）はイザベラ・ボームフリーの名でニューヨーク州で奴隷として生まれた。自由を勝ち取ってからは奴隷制廃止運動に関わり、ソージャナー・トゥルースと改名した。

17 「Superstar」は『The Miseducation of Lauryn Hill』の収録曲。

18 1920年代に湧き上がった反カトリックや反ユダヤの動きに対して、宗教間対話を目的とした「キリスト者とユダヤ人のための全国協議会」（National Conference for Christians and Jews、現在は略称のNCCJを維持しつつNational Conference for Community and Justice に組織名を改称）が1927年に誕生した。NCCJは国内の分断を克服する目的で1934年に「兄弟愛の日」（National Brotherhood Day）を呼びかけ、それは1936年にはルーズヴェルト大統領を巻き込んで「兄弟愛の一週間」（National Brotherhood Week）へと拡大し、1980年代まで続いた。

19 ローザ・パークスは、まだ南部で人種隔離政策が敷かれていた1955年12月にアラバマ州モンゴメリーで、バスで白人に席を譲ることを拒否して逮捕された。これは、大規模なバス・ボイコット運動の引き金となったことで知られる。ただし、同年3月にクローデット・コルヴィンが同様に席を譲るのを拒否して逮捕された際は、運動の争点とはならなかった。貧困地域の出身で若くして妊娠していたコルヴィンと比べ、身なりを整え真面目に働くパークスの存在は、アメリカ社会に黒人の承認を求める運動の象徴としてふさわしいとみなされたのである。そのパークスが自身の名前がヒップホップの曲名になることを嫌ったということでのエピソードは、運動のなかで打ち出されてきた模範的な黒人イメージの排他性、そしてヒップホップ世代の現実との断絶を示すものだと言える。

20　ゴスペル曲「His Eye Is on the Sparrow」の一節。

5章

知らないだけで、預言者は人びとのなかにいる

prophets among them and they knew them not

人びとの間に預言者がいるのに、それが預言者だと人びとは知らない……。

ナザレから何か良いものが出るだろうか。

ヨハネによる福音書1章46節

１９９４年の秋から、わたしはフレンドリー・テンプル・ミッショナリー・バプテスト教会で若い男子のためのグループの責任者を務めていた。[1] あるときアフリカ系アメリカ人の男子の日曜学校のクラスで、アブラハムが息子イサクを神への犠牲の献げ物にしかけた出来事[2]について議論することになっていた。ところが、この聖書の出来事でイサクの代わりとして神が茂みのなかに用意した羊に関連して、いつの間にかトゥーパックが話題に上がったのだった。青年たちがトゥーパックの生涯と死、さらには復活さえも考えられると語り合い、ときに大声を上げて白熱した議論を交わす様子に、わたしは圧倒された。かれらのトゥーパックへの熱狂ぶりは、わたしたちがイエスについて話すときを凌ぐものだった。以前、短期間だけこの教会に勤めていた他の牧師は、ドライヴ・バイ・シューティングが起こるたびにトゥーパックを悪者扱いしていた。それと同じ失敗をしないようにと考え、わたしは彼とは違うタイプの質問をするようにした。「トゥーパックがいまだに生きているとするなら、なぜそれは君たちにとってそんなに重要なことなのか」と。

部屋は静寂に包まれた。その問いに対する答えは、かれらの存在の本質から出てきたものだった。「あいつはいつもリアルやった」、「あいつやったら俺のことをわかってくれたやろうし、俺もあいつの気持ちがわかる」、「あいつには、あんな風に逝ってほしくなかった」、そして「あいつは、俺が感じてることを言葉にしてくれた」という答えである。これらの応答は、もうひとつの大きな問いを投げかけた。若者と霊性《スピリチュアリティ》についてのわたしたちの理解は、偏狭すぎはしないかと。

ギャングスタ・ラッパーとその音楽は、アメリカにおいて道徳的被造物であることの意味と深く関わりながら、内外から形作られている。アメリカのあらゆる道徳的アイデンティティを苦しめる強烈な慣用句《イディオム》は、わたしたちが社会的な罪のなかに生まれ、不当な社会政策から影響を受けてきた事実に根ざしている。剝き出しの現実とギャングスタ・ラッパーの道徳をめぐる身ぶりはともに、その言葉を理解するための窓である。暴力についての歌は、アメリカの国歌と歴史を同じくしてきた――「ロケット弾が赤い光を放ち、空で炸裂する」（rocket's red glare bomb bursting in air）との歌詞は、[3] 暴力がいつもこの国に蔓延《はびこ》ってきたことを事実として示すものだ。

「ほら、あなたたちにも見えるだろうか」（Oh, say can you see）、1969年以来ずっと、拳銃による暴力がアフリカ系アメリカ人男性の死因の第1位であるということが。ビギー・スモールズやトゥーパック・シャクールのような最も名のあるギャングスタ・ラッパーが生まれる前からそうなのだ。したがって、アメリカにおける暴力の問題とギャングスタ・ラップをどう関連づけようとも、それはまったく根拠のないものだ。もっと言えば、暴力を礼賛するような国歌を持つ国において、ギャングスタ・ラッパーに暴力根絶の責任を求めるのはあまりにも馬鹿げている。こうした考え方が一切あてにならない一方で、ギャング gangster という存在の明確な始まりを1900年代初期に見ることができる。

1930年代のギャングたちは、白人男性の特権である名誉と栄光——白人性の道徳的対価——を身にまとった個性的な自警団員としてロマン化されてきた。かれらの犯罪行為を美化する描写が、新時代《ミレニアム》のギャングスタ gangsta を生み出したのだ。[4] しかし、今日のコンプトン式のギャングスタは、１９３０年代のシカゴ式のギャングと同じではない。新時代のギャングスタたちは、あらゆるアフリカ系アメリカ人、特に若い男性は犯罪者であるとの思い込みから問題視される。つまり、肌の色という問題が、ギャングとギャングスタ、それぞれの言葉の含意やその受容の違いを決定づけるのだ。差別を排した視点から分析すれば、両者ともにネガティヴなものと見られるはずなのに。

　人種化された家父長制は、アフリカ系アメリカ人の男性があまりにも不審な存在であるがゆえに、軍事的かつ道徳的な監視が必要なのだとほのめかす。この不義に満ちた視線は、かれらが医者、弁護士、大学教授、そして、善良な市民である可能性をわざと見落としている。矛盾に満ち混沌とした人種差別と抑圧のなかでは、黒人の身体は大きな疑いの対象とされるばかりで、他の可能性は無視されてしまうのだ。

　フッドのなかにあるアフリカ系アメリカ人教会の青年会の責任者を務めてい

た間、ある6歳のアフリカ系アメリカ人男子の驚くべき知的能力を目の当たりにした。わたしは彼の母親に、優秀な生徒向けの特別コースに編入するための試験を受けることを提案した。そのまま数週間が経った頃、この少年は学校で問題を起こすようになり、カウンセラーからリタリン〔向精神薬〕の服用を勧められていた。母親は信じられないといった様子でわたしを訪ねてきた。そこでわたしは、この少年が特別な才能を持っているかを見るため、試験を受けさせるようにと再度提案した。彼女はそれに応じてくれて、その結果、彼女の息子のIQが145あることがわかった。彼が教室で問題を起こすのは、将来のサグ・ライフに備えて練習しているからではなく、挑戦する機会が与えられてこなかったからだ。黒人を偏見のレンズによって転写するカメラを使い続ける限り、彼の大いなる才能は投影されずに誰の目にも見えないままにされてしまうのである。

あるワークショップに参加したとき、問題のある環境に身を置くアフリカ系アメリカ人の若者が、わたしたちを真実へと導く手助けをするというやり取りがあった。そこに集まった公共政策に携わる役人や警察官、社会福祉や学校の関係者のなかから、30代後半のアフリカ系アメリカ人の中産階級の男性が自身の「過剰な可視性」の経験を共有してくれた。「わたしは、今年に入って3回も警官に止められました。高級車を運転しているからです。これが、わたしたちの暮らす社会の現実の一部なんです」。これに対して、アンダークラスの若者は、より深刻な過剰な可視性の現実を訴えてこう言った。「あんたは、今年に入って3回止められたかもしれへん。それやったら、俺が週に3回も止められるって、どういうことや！」

　窓から家の外を注視する他者の視線が黒人の身体を突き刺すように、アフリカ系アメリカ人の若者たちは常に「誰かに見られている」と感じている。交差点を横断する若い黒人の身体を見ると、そこで信号を待つ白人はあたかもO・J・シンプソンが迫ってくるかのように恐れて、急いで車の鍵をかける。[5] それゆえに、過剰な可視性の賛美歌が不快感とともに歌われるのだ。それは、アメリカがわたしたちに示してきた不道徳に満ちた歌である。アフリカ系アメリカ人の犯罪性という思い込みの蔓草にぶらさがる都市の若いゲリラ兵が目に映ると、白人女性が財布を脇にぐっと抱え込む。そのとき、コンクリート・ジャングルには不道徳のドラムが「ラタタッタ！」と鳴り響く。店のなかであっても、ストリートであっても、若い黒人の身体は監視されるのが常だ。「あいつらは何かをたくらんでいる。あいつらは誰でも盗みを働くのを知ってるだろ」と。

若者の貧困が都市化したことで、労働者階級《プロレタリアート》である都市の抵抗者《プロテスタント》は、合法的で社会的責任のある雇用形態から隔絶させられている。企業や公共政策の悪党たちがやらかすこの経済的暴力は、人種、階級、そしてジェンダーによって特徴づけられる。これこそ、アメリカの文化を取り巻くギャング的な文化なのだ。それと同時に、この不道徳な勢力が、都市の抵抗者への助言役となってしまっている。この不道徳なやり取りは、エンパワーメントと自己アイデンティティをむしばむものなのだ。

その結果、このジュヴィノクラシーの若者たちは意思決定の可能性が限られていることによって人生を台無しにされ、地下経済へと勧誘されやすくなっている。このライフスタイルはそうした現実を埋める道徳的アイデンティティ――ニガ（nigga）――の構築を必然的に伴った（もし、「豚の腸《チッタリング》」のような選択肢があったなら、かれらはファンキーな道を選ぶだろう）。[6] こうした状況そのものが不道徳なのである。

同様に、道徳的な怒りを伝え最も大衆から支持された都市の声は、30年以上も沈黙している。ジェネレーションXにはマルコムのような声が不在なのだ。それに、スーパーマンは車椅子での生活を余儀なくされている。[7] ヒップホップの文化においては、主に「フードをかぶった」男たちの十字軍、つまり、ギャングスタが称賛を浴びる。高速の銃弾を止めることこそできないが、ニガは保釈金を一回払えば連邦裁判所におさらばし、「マルコムXの解放闘争の思想を象徴するスピーチの一節」「どんな手段を使ってでも」（by any means necessary）のライフスタイルを生きることができる。彼はマルコムのモラルなしで、マルコムのやり方を打ち立てるのだ。

ギャングスタのエートスは、トーマス・ジェファーソンの不道徳の遺産とニガによる不誠実な決断の数々を経て生まれた道徳である。この倫理コードはアメリカの個人主義、つまり、都市の快楽主義をゲットー中心主義的に分節化する。ギャングスタのエートスという生存のための無骨な技芸は、政治的・社会的・文化的・経済的、そして実存的な救済と道徳との乖離を探求していくものなのだ。ギャングスタのエートスと地下のドラッグ経済との関連は、その密売のみに限定されるものではない。アフリカ系アメリカ人の霊歌とブルースの流れを汲むトニ・ブラクストンの「You're Makin' Me High」（あなたがいるとハイになる）、ジョデシーの「Feenin'」（もっと欲しい）、そして、ディアンジェロの「Brown Sugar」（ブラウン・シュガー）は、ドラッグ・カルチャーのヴァナキュラーに包まれたリズム・アンド・ブルースのラブソングである。[8]

では、自分が何者であるか、そして、何を意味するかについて、複数のアイデンティティが融合している現実のなかで生きるとはどういうことなのか。こうした葛藤がもたらす霊的な枯渇について想像できるだろうか。いったい誰が、未知のゲットーの地で〔神の栄光を讃える〕シオンの歌を歌うための力を奮い起こすことができるのか。

ゲットーの聖人とは、ギャングスタのエートスを体現する都市のポピュラー・カルチャーのアイコンであり、ゲットー中心主義の宗教性を携えたリリックや生を映し出す言説において、預言者的な役割を果たしている。ローレンス・フィッシュバーンの『オセロ』のようなアフロ・シェイクスピア的な深みを持つゲットーの聖人たちは、アメリカの都市の口承文学――ギャングスタ・ラップ――において、「生きるか、死ぬか」(to be or not to be)の詩文を編むのだ。ギャングスタ・ラップは、神、ギャングスタ、貧困、富、エートス、性差別的な価値観、人種差別的なシステム、感情の状態、多彩なコンテクスト、現代史、そして存在の理由に関する現実的、神話的な洞察についてのメロディックな注釈である。それは、ストリートでの魂の探求という(超)現実的な物語にまつわる、都市の眩惑の日々を網羅する。ゲットーの聖人は、過去・現在・未来の路地を彷徨うのだ。

ゲットーの預言者たちは、たびたびゲットーを抜け出すことについて語っている。成り上がること（つまり、文化資本となるものを獲得するために、なんらかの合法あるいは非合法な手段に従事すること）ができたなら、わたしは大切な人びとを養い、物質的にまともな生活を送ることができるだろう。ゴキブリやネズミのいない生活を送れることは、道徳的に必須なことではないのか。貧困にあえぐ現実で育たなければならないのは、不道徳なことではないのか、と。

幼少期のトラウマのきっかけとなる不道徳な出来事は、ゲットーにいくつもの予言の自己成就を引き起こす。映画『ポケットいっぱいの涙』のサウンドトラックの表題曲である「Streiht Up Menace」で、MCエイトは「めちゃくちゃな子ども《ファックト・アップ》時代のせいで……」と切り出している。トゥーパックの暴力的なバラード「Tradin War Stories」では、女性ラッパーのストームが「わたしは誰の娘でもないから、なんにもお構いなしに生きてきた」と歌っている。めちゃくちゃな子ども《ファックト・アップ》時代を過ごすとはどういうことか。母親がいない、あるいは、父親がいないとは、いったいどういうことなのか。刑務所に収監されている者のうち、70%以上が親との強い絆を持つことなく育っている。アフリカ系アメリカ人コミュニティにおける10代の妊娠という危機は、ギャングの問題と同じくらい重大なものだ。そしてどちらも、アフリカ系アメリカ人コミュニティにおける父親の不在の影響に関連している。これこそ、ゲットーの聖人たちがギャングスタのエートスによって描き出そうとした道徳上の問題なのだ。したがって、子どもたちの面倒を見て愛情を注ぐ者がいない状況は、アーティスト自身というよりも、むしろかれらの現実や選択肢にかかっている。

多くのギャングスタ・ラッパーの曲ではニヒリズムが主なテーマとして描かれるが、20世紀後半で最大のゲットーの預言者であるトゥーパック・シャクールは神、救い、そして生まれ変わりについて議論している。トゥーパックは「マキャヴェリ」として生まれ変わった。トゥーパック・シャクールの音楽の多くは、道徳性に重きを置いている。「俺のこと、わかってくれるか?」(Can you feel me?) との言葉は、痛みへの道徳的感受性についてのトゥーパックからの問いかけである。アメリカのゲットーの預言者を「わかる《フィール》」ためには、おのれの価値基準で他者を断罪するような道徳観を打破することが求められる。そのためには、詩的に描かれる生を通して、都市の諸現実に宿る経験へとリスナーを引き込むような感情の聖なる闘いがなければならない。

　トゥーパック・シャクールは、まさにアメリカそのものである。ラングストン・ヒューズのように、彼もまたアメリカの底辺について歌った。[9] 優れた詩人、そして、俳優としての彼のパブリックな存在だけでも、アメリカが自らを見直さねばならないことを物語っている。迫り来るアメリカのリーダーシップの危機は、本来ならそうした地位とはほぼ無縁そうなトゥーパック・シャクールのような人物が治めうる社会の隙間を生み出した。〔俳優の〕ジェイムズ・ディーンより大きく、エルヴィスよりもつかみどころのないトゥーパック・シャクールは、20世紀後半のポップ・アイコンとしてそびえ立っている。彼は多くの愛を示し、彼が雄弁にラップした怒りの炎のなかで死んだからだ。

　彼はわたしの世代にとってのマルコムであり、彼のような者たち、つまり、反故にされた約束と空虚な夢にあふれた文明の黄昏に生きる若者たちの怒りを理解し、それを表現した。彼は、ビギーとの共作でボーン・サグス・エン・ハーモニーが歌った「俺たちは行進しない、俺たちは銃をぶっ放す」[10]という政治的スローガンを身に纏う世代のことをよくわかっているのだ。

　トゥーパックは、絶望に抗して希望を抱き続けてきた黒人キリスト者の存在論的渇望をポストモダン的に巧みに使いまわしている。「神さま、俺を助けてくれるよな？」（God can you save me?）との言葉は、トゥーパックのいくつもの曲で聴かれる。「何人の奴らがストリートの犠牲になった？　若いやつ《ヤング・ニガ》よ、安らかに眠れ。ギャングスタのための天国があるから安心しろ。俺が死ぬことを考えたことがなかったって言ったらウソになる」[11]　ゆったりとしたグルーヴに横たわる静けさのなか、この歌は、ゴスペルの演奏によって出発した葬列が歩むかのようにゆっくりと近づいてくる。いくつもの漆黒の身体が路上で死へと追いやられながら、それでも「人生は続いていく」（Life Goes On）、これは道徳的な問題である。「Only God Can Judge Me」（神だけが俺を裁ける）、「Hail Mary」（神の御心を信じる）、そして、「Blasphemy」（神への冒瀆）は、トゥーパックならではの道徳理論を説く都市の聖歌なのだ。

もうひとりの多作なゲットーの聖人はクリストファー・ウォレス、またの名をビギー・スモールズ、そしてノトーリアス・BIGである。アルバム『Life After Death』は、ビギーの死後にリリースされた作品のなかでも、そのリリックが特に重要なものである。ビギーは前腕に詩編27編のタトゥーを入れている。[12] この聖書の言葉は、道徳的プレイヤー・ヘイター[13]への恐れを神の導きと真実に並置する。『Life After Death』の宣伝広告には、復活したビギーと思しき影に覆われた、幽霊を模した二体の像が写っている。写真の右側には悪名高い《ノトーリアス》との名がどデカく記され、真ん中からは「独り子を信じる者が一人も滅びないで、永遠の命を得るためである」とのヨハネによる福音書3章16節の言葉が飛び出している。2枚組のCDの最後の曲では、「お前は取るに足りないやつだ（誰かに殺されるまでは）」とラップし、トゥーパックと彼自らがゲットーの聖人として認められるのを先見の明を持って予見していた。

さて最後に、ギャングスタ・ラップはギャングスタに関するものであるのと同様に、アメリカに関するものである。わたしたちが正直であろうとするなら、わたしたちは皆、ポストモダンの振り子に揺られて神とギャングスタ・ラップの間を行ったり来たりすることになる。つまり、道徳と不道徳、聖と俗、喜劇と悲劇、偉大なものと大仰なもの、天国と地獄、切り抜けるために何かやらねばならないということともう何もできないということ、生き延びること《ステイ・アライヴ》と死の危険を冒してもリアルであり続けること《キープ・イット・リアル》である。702の曲が示す「ここにはいたくない、でも、どこにも行きたくない……」[14]という当惑と、わたしたちは格闘しているのだ。ビギーとトゥーパックは、その格闘を「乗り越えること」(Get It Together)ができなかった。わたしたちは、その先に進むことができるのだろうか。

訳注

1 セイクウは同教会で牧師としての働きを始めた。そして、2014年8月、この教会でマイケル・ブラウンの葬儀が執り行われた。

2 創世記22章で神はアブラハムを試して、妻サラとの間に年老いてから与えられた一人息子イサクを、犠牲の生贄として山上で献げるように命じた。献げ物を持たずに山に上るのを怪訝に思うイサクに、アブラハムは「焼き尽くす献げ物の小羊はきっと神が備えてくださる」と答えた。神の命じられた場所に到着したアブラハムは祭壇を築き、薪を並べてその上に息子イサクを縛って載せた。そして、刃物で息子を屠ろうとすると、そこに現れた神の使いが制止して、「その子に手を下すな。あなたが神を畏れる者であることが、今、分かった」と言った。すると、木の茂みに角を絡め取られた1匹の羊が見つかり、アブラハムはそれを捕らえて犠牲として献げた。愛する独り子を犠牲にしようとしたアブラハムの姿は、神はイエスという独り子を罪の贖いのための犠牲として十字架に架けたという伝統的な聖書理解に結びつく。しかし、実際にこの場面で犠牲となったのは羊である。セイクウの前で議論していた若者たちは、そのように人間の都合で犠牲となった羊に十字架のイエスの姿を見出し、そこにトゥーパックの死を重ねたのだろう。

3 アメリカ国歌「Star-Spangled Banner」の2節の冒頭の歌詞。また次段落の“Oh, say can you see”も同じく国歌の歌詞の一部である。

4 セイクウは、ここでgangsterとgangstaを使い分けており、gangsterをギャング、gangstaをギャングスタと訳し分けた。gangstaの綴りには［er］を［a］と発音する黒人のヴァナキュラーが反映されているが、それは発音だけの違いではなく、ここでセイクウが指摘するような受容の違いを含意している。

5 O・J・シンプソンは、アメリカンフットボールの名選手として殿堂入りを果たしたアフリカ系アメリカ人である。引退後はスポーツ解説や俳優として活躍したが、1994年に元妻で白人のニコール・ブラウンとその友人ロナルド・ゴールドマンを殺害した容疑で逮捕、第一級殺人罪で起訴された。その後の裁判では、アフリカ系アメリカ人弁護士のジョニー・コクランをはじめとする有名な弁護士らで構成され「ドリーム・チーム」とも称された弁護団と検察との応酬に、世界中の注目が集まった。弁護団はこの事件の捜査の背景にある警察の人種差別を明らかにし、1995年10月には無罪の判決がくだされた。

6 原文ではchitterlingとあるが、chitlins（チットリンズ）とも綴られることがある。これは豚の大腸を煮込んだ料理のことで、アメリカ南部ではソウルフードの代表的なメニューのひとつである。ソウルフードとは、奴隷制時代に白人たちが捨てる食材を用いて黒人たちが生み出した食文化であり、当時の名残を現代に色濃く伝えるものである。一方で、ファンキー（funky）には臭いという意味があるように、チッタリングが調理中に放つ匂いゆえに、黒人の間でもこれを苦手とする者も当然いる。ここでは、匂いのする豚の腸を食べてでも奴隷制を生き延びた黒人たちの文字通りの胆力《ガッツ》に言及しているのだろう。

7 映画『スーパーマン』でその役を演じたクリストファー・リーヴが、落馬による脊髄損傷で体が麻痺し、車椅子生活を送っているということを指していると思われる。この記述はそのことを冗談にしているのではなく、スーパーマンがそうなってしまった以上、黒人は超人的な助けを誰に求めればいいのかということなのだろう。

8 「You're Makin' Me High」は文字通り、愛する者をドラッグのようにハイにさせてくれるものと形容している。「Feenin」は「中毒」を意味するfiend（フィーンド）を動詞の形にしたものである。名詞のfiendを動詞として使うだけでなく、さらに、それを「フィーンディン」ではなく「フィーニン」と発音する黒人英語で綴るところに黒人ヴァナキュラーの重層性が反映されている。「Brown Sugar」は茶褐色の肌をした黒人女性への愛を歌う曲として聴くことができるが、「彼女とはフィリーで出会った。チョコレート・タイ〔マリファナの銘柄のひとつ〕って名前の姉妹だっている」「お前と何度も愛を交わすから、俺の目は真っ赤に充血する」といった歌詞から、マリファナについて歌ったものとも聴くことができる。

9 ラングストン・ヒューズは1920年代から30年代のハーレム・ルネサンスと呼ばれるアフリカ系アメリカ人の芸術運動の中心人物である。この箇所は原文では"He too sings of America's underside"となっており、「I, Too」と題されたヒューズの代表的な作品の冒頭の一節"I, too, sing America."へのオマージュがなされている。

10 後に触れられるノトーリアス・BIGのアルバム『Life After Death』の収録曲、「Notorious Thugs」でのビジー・ボーンのリリック。

11 トゥーパック「Life Goes On」のリリック。

12 詩編27編1節「主はわたしの光、わたしの救い／わたしは誰を恐れよう」

（新共同訳）。

13　プレイヤー・ヘイターとは、他者の成功を妬んでその名声を傷つけようと攻撃する者を意味するスラング。『Life After Death』にも「Playa Hater」という曲が収録されている。

14　702「Get It Together」のリリック。

訳者解説

初めてオサジェフォ・ウフル・セイクウ牧師を目にしたのは、2014年にミズーリ州ファーガソンで起きた白人警官によるマイケル・ブラウン射殺に対する抗議運動を捉えた写真だった。そのときはまだ彼の名を知らなかったが、黒の祭司服を身に纏った小柄な黒人牧師がコーネル・ウェストとともにフェンスを乗り越え、そして、警官らに地面に抑えつけられて逮捕された姿がいまでも目に焼きついている。その後、二木信氏との共編による『ヒップホップ・アナムネーシス』（新教出版社、2021年）で、セイクウ牧師の「ファーガソンの前線より」（From the Front Lines in Ferguson）と題された説教の翻訳を掲載することとなった。ヒップホップの霊性とブラック・ライヴズ・マター（BLM）の関係をダイレクトに伝えるこの説教動画を見つけたとき、セイクウ牧師こそがファーガソンでの抗議運動で逮捕されたあの牧師であったことに気づき、講壇から吐き出される炎に満ちた戦闘的《ミリタント》な言葉に圧倒されたのであった。

本書は、セイクウの著書 *urbansouls: Reflections on Youth, Religion, and Hip-Hop Culture* の第二版（Chalice Press, 2018）を翻訳したものである。初版がアー

バン・プレス社より刊行されたのが２００１年であるため、２０００年代以降のヒップホップには触れられていないが、それでも本書にはいまこそ読む価値があるだろう。それをいま読むことは、いわゆる「黄金時代」のヒップホップを振り返る以上に、現在に至る都市と黒人の若者をめぐる問題を原点から捉え直すこととなるからだ。

一方で、セイクウの牧師・神学者としての視点から本書は、「黄金時代」に出版されたトリーシャ・ローズの『ブラック・ノイズ』（新田啓子訳、みすず書房、２００９年）やバカリ・キトワナの *The Hip Hop Generation* (New York: Basic Civitas Books, 2002) といった優れた研究書や評論とは異なる視座を読者に提示する。神学とは存在証明のできない神をめぐる机上の空論ではなく、生の現実に神やその働きを見出していく営みである。その営みのなかで、セイクウはヒップホップ世代の黒人の若者を「神学的行為者《エージェント》」と位置づける。１９７１年生まれのセイクウは、ひとりの黒人の青年として、ヒップホップを生み出し育んできたアメリカの黒人の諸現実のなかを生きてきた。そして、牧師として、また、運動のオーガナイザーとして、地域に生きる若者たちと深く関わってきた。その経験と実践に根ざす真摯な視点が、アメリカの都市の諸問題の不条理に葛藤しながらも生きることによってそれらを乗り越えようとする若者たちの霊性を、ヒップホップのなかに捉えている。

ヒップホップは本書のタイトルにも表されるように都市《アーバン》の音楽である。この「アーバン」の語をめぐって、BLMの渦中にあった2020年6月5日、リパブリック・レコードがこの言葉を黒人音楽を指すものとして今後一切使用しないとの声明を発表した。「アーバン」のカテゴリーは、その音楽性の多様さにもかかわらず黒人アーティストたちを同一のジャンルに押し込める音楽業界の構造的な差別を反映し、インナーシティの若者や治安の悪さを見下す意味合いで使われているからである。

セイクウは、その「アーバン」の語を本書のタイトルに用いた。初版が刊行された2001年の時点で、「アーバン」がインナーシティの現実を侮蔑的に表す語として用いられることへの批判はすでに黒人の間で起きていた。セイクウはこの語を意図的・戦略的に用いたと考えられる。「アーバン」が黒人の若者への偏見を反映する言葉へと変遷したことは、脱工業化によって空洞化したアメリカの諸都市にインナーシティが形成された現実を示すものでもある。

そうした都市《アーバン》の問題について、セイクウは公共空間、経済、雇用、教育、医療、警察、交通インフラなどをひとつひとつ取り上げ、都市に生きる黒人の若者たちがいかにアメリカから見捨てられてきたかを浮き彫りにする。同時に、都市の現実から生じたヒップホップには、そこから再生する預言の力が秘められていることを論じるのだ。3章でのアトランタ・オリンピックへの言及に東京五輪にも通底するものを見出すことができるように、本書が示す都市問題への視点は日本の読者にもいくつもの読み筋を提供するものとなるだろう。そして、複雑に絡み合う都市の諸問題によって最も抑圧される人びと、つまり、黒人女性に言及する4章の議論は、ヒップホップとミソジニーの問題について考える有効な視点を示すものである。

わたしは、3章で言及されるアトランタのAUCに属す黒人大学のモアハウス・カレッジに留学し、2001年から2006年までをその地域で過ごした。AUCの周囲もインナーシティの様相を呈していて、貧困、ボロボロの廃墟、警官による若者への嫌がらせや暴力、薬物依存、銃犯罪は日常の風景であった。下宿先の近くの地下鉄のアッシュビー駅で、2人の警官に理由もなく抑えつけられた10代半ばくらいの若者の怒りの眼差しはいまも瞼に焼きついている。大学の友人の多くはアメリカ各地のインナーシティで育ち、夏休みにはその地元を訪ねたこともあった。友人のハーヴィーが地元フィラデルフィアを案内してくれたとき、ドラッグの売人をしていた腹違いの兄ナイーム（R.I.P.）を縄張りの廃屋に見つけて一緒になかに入ると、冗談で拳銃を突きつけられた。ニューヨークやロサンゼルス以外の都市にも言及する本書は、そうした個人的な記憶と、そこで生きるために15セントから1ドルを生み出そうとする「政治的実行力を持つ若者たち《ジュヴィノクラッツ》」の姿を想起させるものだった。

一方で、本書の初版の刊行から20年が経つなかで、ジェントリフィケーションによって都市の風景も大きく変わりつつある。バハマ出身のジェヴォーンとともに、彼の親戚を訪ねてブルックリンのイースタン・パークウェイ（カリブ諸島からの移民が多く暮らすエリア）に行ったときのことである。夜道をかれらとともに歩いていると、30代くらいの白人男性がひとりで犬の散歩をしていた。それを見たジェヴォーンの親戚が「白人がこんなとこを夜道に歩いてるなんて、信じられへんな。時代も変わったで」とボヤいていた。そして、ジェントリフィケーションが地価の高騰をもたらしたことで、北部から南部に移住する黒人は増加する一方である。親友でルームメイトだったジュウルズの弟や地元の友人の多くも、ニューヨークからアトランタに引っ越している。

そして、ジェントリフィケーションはアトランタでも起きている。AUCの東側に隣接していた低所得者向けの公営住宅“University Home”が、2009年に「地域の再活性化」の名目で取り壊された。また、大学から南に15分ほど歩いたウェスト・エンドのエリアは黒人が多く暮らす地域だが、いまではコンドミニアムが建てられ、駅の周辺にはおしゃれなスポットが散見されるようになっている。この数年の間にジェントリフィケーションによって、ヒップホップを生み出してきたコミュニティの姿が変えられようとしているのだ。しかし、たとえば２０１９年に銃弾に倒れたニプシー・ハッスルは、開発業者がやってくる前に地元の商売を買い取ることで地域を守ろうとした。「政治的実行力を持つ若者たち」の眼差しは、地域共同体に暮らす人びとに向けられている。

にもかかわらず、ヒップホップ、とりわけギャングスタ・ラップは、正直に、露骨に都市の現実を表現するがゆえに、不道徳に満ちたものであるとして批判に晒されてきた。だが、その不道徳は黒人の若者が生み出したものではなく、かれらに強いられてきたものである。ギャングスタのエートスは複雑に絡み合う都市の諸問題を可視化し、一方では、若者たちの痛みへの共苦によって不道徳を生きるための道徳を構築してきた。

こうしたアメリカの都市の現実に産み落とされた黒人の若者たちを、セイクウは「都市の抵抗者 urban protest-ant」という言葉遊びで表現している。本来プロテスタントとは、権威化したカトリック教会に抵抗した人びとによって生まれたキリスト教の諸教派の総称である。それは、権威化した教会が見失ったイエスやその弟子たちの霊性を取り戻すべく立ち上がった人びとという意味で理解できるだろう。しかし、セイクウが「protest-ant」の表現を用いるのは、本書の冒頭で触れられる教会と若者たちの分断を論じるためではない。3章には都市の諸問題が詳述されるが、そこで告発されるセントルイスでの警察の横暴はファーガソンでのマイケル・ブラウン射殺とＢＬＭに直結する。「都市の抵抗者」は都市の諸問題を生み出す国家権力に対して蜂起する。その力の源泉となったのは、かれらがヒップホップを通して自らの内に見出した霊性である。それゆえに、黒人の若者たちは「神学的行為者《エージェント》」なのだ。

本書はセイクウの切実な問いで閉じられている。「わたしたちは、その先に進むことができるのだろうか」と。その預言的な問いは、２０２２年においても深刻でリアルなものである。黒人の若者たちはアメリカの不道徳を背負わされ、それゆえの責め苦のなかに生きている。しかし、それでもその現実のなかに神を見出そうとする。その「振り子」のように揺れ動く現実から吐き出される言葉を「後の日のために注意して聞く者」（イザヤ書42章23節）となるとき、セイクウの問いに答える道が開かれるのではないだろうか。

＊

本書の刊行にあたって、著者のオサジェフォ・ウフル・セイクウ牧師に最大のシャウト・アウトを！　チャーチ・オブ・ゴッド・イン・クライストの純福音的な信仰と黒人解放闘争における戦闘的な思想との結びつきは、解放の神学の新たな地平を切り拓くものである。そして、アトランタをはじめアメリカの諸都市に生きる無名の若者たちにシャウト・アウトを。そのひとりひとりとの出会いが、翻訳のインスピレーションとなった。また索引の作成でアドバイスをくださった音楽ライター・二木信さんにビッグ・アップ！　最後に、丁寧な編集作業で支えてくださった新教出版社の堀真悟さんにシャウト・アウトを！

2021年12月

山下壮起

アーティスト索引（五十音順）

(Ice Cube)

1969年カリフォルニア州ロサンゼルス出身のラッパー。NWAの主要メンバーとして知られたほか、ファーストソロアルバム『AmeriKKKa's Most Wanted』をはじめ、ソロアーティストとしても高い評価を得ている。『ボーイズン・ザ・フッド』などに出演し、俳優としても活動。ベル・フックスやアンジェラ・デイヴィスなどのブラック・フェミニストと積極的に対話したギャングスタ・ラッパーでもある。


(OutKast)

1992年ジョージア州アトランタで結成された、アンドレ3000とビッグ・ボーイのヒップホップ・デュオ。Pファンクをベースに多様な音楽的要素を取り入れた楽曲を制作。ダイアモンドディスクを達成し、最も成功したヒップホップ・グループのひとつと称される。


(Afrika Bambaataa)

1957年ニューヨーク州ブロンクス出身のミュージシャン、DJ。アフリカ系アメリカ人の青年たちを「ズールー・ネイション」として組織化し、現在につながるヒップホップ文化の体系化に貢献した。クール・ハーク、グランドマスター・フラッシュと並ぶパイオニアのひとりだが、後年になってズールー・ネイションでの地位を利用して未成年の少年に対する性的暴行を行っていたとして告発されている。

R・ケリー……………………………………………………………………… 80
(**R. Kelly**)
1967年イリノイ州シカゴ出身のR&Bシンガー、プロデューサー。教会で歌うゴスペル・シンガーだった母の影響を受け、ヒップホップ、R&B、ゴスペルといった各ジャンルを結合させ、性愛と信仰といったテーマを横断する楽曲を多数制作、一世を風靡した。未成年への性的虐待などの数々の容疑をドキュメンタリー作品で告発されたことから逮捕、起訴され、2021年9月に有罪評決が言い渡された。

アレサ・フランクリン……………………………………………………86, 87
(**Aretha Franklin**)
1942年テネシー州メンフィス出身のソウル・シンガー。公民権運動にも取り組んだ牧師の父とゴスペル歌手の母のもとに生まれる。そのパワフルな歌声からソウルの女王と評され、オバマ元大統領の就任式で歌うなど、アメリカの音楽史上もっとも影響力のあったアーティストとして挙げられることも多い。なかでも、マーティン・ルーサー・キング牧師の葬儀で歌われた代表曲「Respect」は、公民権運動やフェミニズム運動のアンセムとして親しまれた。

アレスティッド・ディヴェロップメント……………………………54, 80
(**Arrested Development**)
1988年ジョージア州アトランタで結成された、スピーチとヘッドライナーのヒップホップ・グループ。ジャジーなサウンド、アフリカ系アメリカ人のアイデンティティを打ち出したコンシャスなリリックで、当時流行のギャングスタ・ラップとは異なる独自のスタイルを確立した。

アンドレ3000 ………………………………………………………………… 70
(**André 3000**)
1975年ジョージア州アトランタ出身のラッパー。ビッグ・ボーイととも

にアウトキャストとして活動し、サウスのヒップホップをシーンに知らしめた。現在はソロのラッパーとして、また俳優としても活動している。

（Eazy E）

1964年カリフォルニア州コンプトン出身のラッパー。もともとギャング・グループのクリップスの一員だったが、自身の立ち上げたルースレス・レコードでアイス・キューブ、ドクター・ドレーと出会い、NWAをともに結成した。ソロでも活躍したが、ドクター・ドレーとの対立やNWAの解散を経て、エイズの合併症により30歳で亡くなった。

（Inner Circle）

1968年ジャマイカ・キングストンで結成された5人組のレゲエ・グループ。1993年にアメリカのアトランティック・レコードからリリースされた「Bad Boys」は世界的な大ヒットを記録した。

（N.W.A）

1986年カリフォルニア州コンプトンで結成された、アイス・キューブ、イージー・E、ドクター・ドレー、MCレン、DJイェラのヒップホップ・グループ。本文で触れられる「Fuck Tha Police」は、ロドニー・キングに対する白人警官の暴力とその無罪判決を契機として1992年に起こったロス暴動を予示した楽曲と評される。

（MC Eiht）

1971年カリフォルニア州コンプトン出身のラッパー。クリップスの元メンバーで、コンプトンズ・モスト・ウォンテッドでの活動を経て1993年に「Streiht Up Menace」でソロデビュー。同曲が使用された映画『ポ

ケットいっぱいの涙』には自身も出演している。DJクイックとは長年対立していたが、後に和解した。近年では、ケンドリック・ラマーの『good kid, m.A.A.d. City』に収録された「M.A.A.D. City」に客演している。

(MC Hammer)

1962年カリフォルニア州オークランド出身のラッパー。ヒップホップをポップ・ミュージックの地位に押し上げた一方、多くのラッパーのディスの対象となった。キリスト教の信仰を持ち、クリスチャン・ラップグループのホーリー・ゴースト・ボーイズを結成して活動したほか、現在はチャーチ・オブ・ゴッド・イン・クライストの牧師となっている。

(MC Ren)

1969年カリフォルニア州コンプトン出身のラッパー。クリップスに一時所属したあとドラッグディーラーとして生計を立てていたが、幼馴染みのイージー・Eを介してNWAに加入、メンバーとして活動した。後に自らヴィラン・エンターテイメントを創設、オーナーを務めている。

(L.A. Reid)

1956年オハイオ州シンシナティ出身の作曲家、ドラマー、プロデューサー。1989年にベイビーフェイスとともにラフェイス・レコードを創設、アトランタを拠点にアウトキャストなどを輩出した。2004年にはアイランド・デフ・ジャムの会長に就任、ナズ、ジャネット・ジャクソンに加え、一時は不仲が囁かれたベイビーフェイスを迎え入れている。

(Erykah Badu)

1971年テキサス州ダラス出身のミュージシャン。デビューアルバム

『Baduizm』をはじめ、ヒップホップにR&Bを融合させたネオ・ソウルのスタイルと、ブラック・フェミニズムやアフロフューチャリズムに基づく政治的かつ霊的なメッセージ性により、不動の人気を誇る。ザ・ルーツのクエストラヴを中心としてオルタナティヴなヒップホップを志向した音楽集団、ソウルクエリアンズの唯一の女性メンバーでもあった。

1935年ミシシッピ州テュペロ出身のロック・ミュージシャン。引越しによりテネシー州メンフィスの黒人コミュニティのすぐ近くで育った経験から、音楽的に大きな影響を受けた。音楽ジャンルの人種的区分を乗り越える歌唱スタイルや、下半身を激しく動かすパフォーマンスで、保守的な立場からは批判を浴びたがそれ以上の人気を集めた。ロックンロールの創始者のひとりにしてキング・オブ・ロックンロールの異名を持つ、世界史上最も売れたソロアーティストとして知られる。

1933年イリノイ州シカゴ出身のジャズ・ミュージシャン。マイルス・デイヴィスやフランク・シナトラなど錚々たる面々のプロデュースを手がけ、なかでもマイケル・ジャクソンのアルバム『Thriller』は音楽市場最も売れたアルバムとして認定されている。

1970年ニュージャージー州ニューアーク出身のラッパー、シンガー、女優。ファーストアルバム『All Hail the Queen』をはじめ、ハウスやレゲエのサウンドを取り入れ、ラップと歌を横断しながらアフロセントリシティを表現するスタイルで支持を集めた。

グッディ・モブ …… 54, 69, 70
(**Goodie Mob**)

1991年ジョージア州アトランタで結成された、シーロー、ビッグ・ギップ、クージョー、T・モーからなるダーティ・サウスの草分け的なヒップホップ・グループ。1995年にアルバム『Soul Food』でデビュー、人種主義や差別、都市再開発といった問題と対峙するコンシャスなリリックを特徴とした。1999年のシーローの脱退後、活動は停滞気味だったが、2013年の『Age Against The Machine』、2020年の『Survival Kit』ではアトランタのアーティストを多くフィーチャーし、再び注目を集めている。

グランドマスター・フラッシュ・アンド・ザ・フューリアス・ファイヴ …… 49, 50, 77
(**Grandmaster Flash & The Furious Five**)

グランドマスター・フラッシュは、1958年バルバドス出身のDJ。1970年代にクール・ハークからDJを学びブレイクビーツを発展させた、ヒップホップ黎明期の最も重要なアーティストとして知られる。特にグランドマスター・フラッシュ・アンド・ザ・フューリアス・ファイヴとしてリリースした「The Message」は、ブロンクスを生きる黒人青年たちの姿をラップのリリックへと落とし込み、現在のヒップホップの原型となったとも言われる。なおメンバーのメリー・メルは、スティーヴィー・ワンダーの「Living for the City」を参考に同曲の歌詞を書いたという。

クリス・クロス …… 54
(**Kris Kross**)

ジョージア州アトランタを拠点とする、クリス・"マック・ダディ"・ケリーとクリス・"ダディ・マック"・スミスのヒップホップ・デュオ。ジャーメイン・デュプリにスカウトされ、1992年に10代にしてアルバム『Totally Krossed Out』でデビュー。服を前後逆に着る独特のスタイルでも注目を浴び、マイケル・ジャクソンのツアーに出演するなど人気を博した。

1965年ニューヨーク州ブロンクス出身のラッパー。D・ナイス、DJのスコット・ラ・ロックとともにブギー・ダウン・プロダクションズを結成。ブロンクスを拠点に活動し、ファーストアルバム『Criminal Minded』では、ギャングスタ・ラップの元祖とも評されるハードなラップを見せつけた。だが、スコット・ラ・ロックの死を契機に方向転換し、コンシャス・ラッパーとしての地位を確立していくことになる。近年ではビッグ・ダディ・ケインの「VERZUZ」に出演し、圧巻のパフォーマンスを見せた。

1987年カリフォルニア州コンプトン出身のラッパー。2011年にアルバム『Section. 80』で本格デビュー。以降、プラチナディスクに認定された『good kid, m.A.A.d City』などスマッシュヒットを連発。高いスキル、ストリートのリアルな描写、宗教的ともいうべき内省的なメッセージ性を兼ね備え、「ヒップホップの王者」とまで呼ばれている。

1972年イリノイ州シカゴ出身のラッパー。1992年にデビューし、コンシャスなリリックで高い評価を集める。ソウルクエリアンズの一員でもあった。ローリン・ヒルとの共作「Retrospect for Life」が収録された『One Day It'll All Make Sense』、『Resurrection』『Like Water For Chocolate』『Be』などを世に送り出す傍ら、俳優としても活躍している。

1988年にローリン・ヒル、ワイクリフ・ジョン、プラーズによって結成

されたヒップホップ・グループ。本文中にある「Killing Me Softly」のカバーはアルバム『The Score』に収録されている。

(The Last Poets)

1968年ニューヨーク州ハーレムにて、マルコムXの誕生日である5月19日に設立されたグループ。ブラック・ナショナリズムの影響を受けたスポークン・ワーズを音に乗せる、ラップ・ミュージックの元祖とも称される。初期メンバーのフェリペ・ルチアーノは、コミュニティの住居、医療、教育、雇用などの問題に取り組んだプエルトリコ系の政治組織、ヤング・ローズのニューヨーク支部の創立にも関わっている。

(Jay-Z)

1969年ニューヨーク州ブルックリン出身のラッパー。マーシー・プロジェクトの厳しい環境で生活保護を受給して育つが、26歳のときに突如銃撃されたことを転機にラッパーとして本格的に活動を開始、人気を得る。実業家としても知られ、妻のビヨンセともどもスターダムの頂点に君臨している。

(Jermaine Dupri)

1972年ノースキャロライナ州アッシュビル出身、ジョージア州アトランタ育ちのラッパー、DJ、プロデューサー。南部を代表するレーベル、ソー・ソー・デフ・レコーディングスのオーナーである。

(The Sugarhill Gang)

ニュージャージー州エングルウッド出身のワンダー・マイク、マスター・ジー、ビッグ・バンク・ハンクからなるヒップホップ・グループ。

1979年にシュガーヒル・レコードからデビューし、ファーストシングル「Rapper's Delight」は商業的に類を見ない成功を収めた。

ジョデシー …… 115
(**Jodeci**)
1989年に結成されたR&Bカルテット。ノースカロライナ州シャーロット出身であるケイシーとジョジョの兄弟がボーカルを、バージニア州ハンプトン出身であるミスター・ダルウィンとディヴァンテ・スウィングの兄弟がトラックメイカーを務める。ヒップホップの要素を盛り込みつつもゴスペルをベースにした楽曲で、幅広い層から人気を得た。

ストーム …… 117
(**Storm**)
トゥーパックが中心となって結成したグループ「アウトロウズ」の一員。トゥーパックとの共演曲に「He Vs She (4 My Niggas)」がある。

スピーチ …… 54
(**Speech**)
1968年ウィスコンシン州ミルウォーキー出身のラッパー。アレスティッド・ディヴェロップメントのフロントマン。ソロアーティストとしても活動しており、アルバムに『Speech』『Spiritual People』などがある。

702 …… 122, 127
(**Seven-Oh-Two**)
ネバダ州ラスベガスを拠点とする、レミーシャとアイリッシュの姉妹、その親友のカミーラからなるR&Bグループ。702はラスベガスの市外局番から取られている。「Get It Together」が収録された1996年のファーストアルバム『No Doubt』は大ヒットを記録し、以降も多くの名盤を残した。2006年に解散、2017年に再結成された。

セント・ルナティックス ………………………………… 61
(St. Lunatics)

ミズーリ州セントルイスを拠点とする、ネリー、アリ、シティー・スパッド、キージャン、マーフィー・リーからなるヒップホップ・グループ。1996年に自主制作盤「Gimme What U Got」がヒットして注目を浴び、フォ・リール・エンターテイメントの社長クッダ・ラヴの紹介により2001年にはユニバーサルと契約、アルバム『Free City』をリリースした。

ダニー・ハサウェイ ………………………………… 85
(Donny Hathaway)

1945年イリノイ州シカゴ出身のソウル・シンガー。幼い頃から聖歌隊で歌い、ハワード大学でクラシック音楽を学んだあと、カーティス・メイフィールドのもとでキャリアを積んだ。1969年に「The Ghetto, Pt.1」でソロデビューした後は、黒人社会が抱える問題に楽曲をつうじて踏み込み、ニュー・ソウルのアーティストとして注目された。

ダ・ブラット ………………………………… 54
(Da Brat)

1974年イリノイ州シカゴ出身のラッパー。1992年にアルバム『Funkdafied』でデビューして以来、ソー・ソー・デフ・レコーディングスを代表するアーティストのひとりとして名実ともに高い人気を誇っている。2020年には、レズビアンとしてカミングアウトした。

チャック・ベリー ………………………………… 65
(Chuck Berry)

1926年ミズーリ州セントルイス出身のシンガーソングライター。幼い頃から聖歌隊で歌い、プロデビュー後には特徴的なギターリフとメッセージ性の強い歌詞で人気を集めた。「ロック界の伝説」と称される、ロックンロール創始者のひとりである。

ディアンジェロ …………………………………………………… 115
（D' Angelo）

1974年バージニア州リッチモンド出身のソウル・シンガー。ペンテコステ派の牧師の父のもとで生まれ、幼少の頃に教会で歌い始める。1995年のアルバム『Brown Sugar』をはじめ『Voodoo』や『Black Messiah』といった名盤を世に送り出している、ヒップホップ世代の代表的なソウル・シンガーである。

TLC …………………………………………………………………… 54
（ティーエルシー）

ジョージア州アトランタを拠点とする、T・ボズ、レフト・アイ、チリからなるR&Bグループ。1992年にラフェイスから「Ain't 2 Proud 2 Beg」でデビュー。ダンス&ボーカルグループのSPEEDがTLCのファンであることを公言するなど、日本の音楽シーンに少なからず影響を与えており、1999年には来日し、モニカ、宇多田ヒカルとともに合同ライブを行った。そのスタイルはブラック・ガール・フェミニズムとも評され、コンドームを服からぶら下げたファッションとパフォーマンスで、HIVやセックスといったシリアスな問題にポップに切り込んだ。

DJイェラ ………………………………………………………… 52
（DJ Yella）

1967年カリフォルニア州コンプトン出身のDJ、ラッパー。イージー・Eのデビューアルバム『Eazy-Duz-It』の制作に協力したのをはじめ、NWAの一員として活動。その解散後もルースレス・レコードに残るなどイージー・Eとは親交が深く、イージー・Eの死後には彼に捧げたソロアルバム『One Mo Nigga ta Go』をリリースしている。

DJクイック ……………………………………………………62, 72
（DJ Quik）

1970年カリフォルニア州コンプトン出身のラッパー、プロフューサー。

ギャンググループのブラッズの元メンバー。1991年にプロファイル・レコードと契約してファーストアルバム『Quik Is The Name』をリリース。以来、自身がアーティストとして活動する傍ら、トゥーパックやジェイ・Zなど名だたるアーティストのプロデュースを行っている。

DJクール・ハーク ……………… 49, 76, 77
(DJ Kool Herc)

1955年ジャマイカ・キングストン出身のDJ。1967年にニューヨーク州ブロンクスに移住した後、もともとレゲエのサウンドシステムに触れていたことから、2台のターンテーブルを駆使したブレイクビーツを発明した。アフリカ・バンバータ、グランドマスター・フラッシュと並ぶパイオニアのひとりである。

トゥーパック
……………… 19, 20, 92, 93, 107, 109, 117, 118, 119, 120, 121, 122
(2Pac)

1971年ニューヨーク州ハーレム出身のラッパー。本名トゥーパック・アマル・シャクール。ともにブラック・パンサー党員であるアフェニ・シャクールとビリー・ガーランドのもとに生まれ、17歳のときにカリフォルニアに移住。デジタル・アンダーグラウンドでの活動後にソロデビューを果たし、アルバム『Me Against The World』『All Eyez on Me』などで圧倒的な支持を得る。映画『ジュース』や『ポエティック・ジャスティス』など、俳優としても活躍。1996年、何者かに銃撃され世を去った後にはマキャヴェリ名義で制作されていたアルバムがリリースされ、今日まで多くのラッパーに影響を与え続けている。

ドクター・ドレー ……………… 52, 90
(Dr. Dre)

1965年カリフォルニア州コンプトン出身のプロデューサー、ラッパー。NWAでの活動を経てシュグ・ナイトとデス・ロウ・レコードを設立、

トゥーパックらを輩出し、Gファンクのサウンドを創り上げた。トゥーパックの死後には自らアフターマス・エンターテイメントを立ち上げ、数多くの重要なアーティストをプロデュースしている。本文90頁の「Been There, Done That」はドレー自身のヒット曲のタイトルである。

トニ・ブラクストン 54, 115
(Toni Braxton)

1967年メリーランド州セヴァーン出身のシンガー。牧師の父とオペラ歌手の母を持ち、幼い頃から聖歌隊でのキャリアを積む。4人の妹たちとのグループであるザ・ブラクストンズでの活動を経てラフェイス・レコードと契約、1993年にアルバム『Toni Braxton』をリリースした。ミュージカルや映画での女優活動も精力的に行っている。

ニーナ・シモン 44
(Nina Simone)

1933年ノースカロライナ州出身のシンガー。クラシック音楽のレッスンを受けるも音楽界内の人種主義により道を阻まれ、シンガーとして歌い始める。「I Love you, Porgy」でヒット、ジャズやブルース、ゴスペルなど幅広いジャンルを取り入れた楽曲で知られるようになる。公民権運動家としての顔も持ち、「Mississippi Goddam」では、ミシシッピ州での公民権運動家殺害事件、アラバマ州バーミンガムでの16番地バプテスト教会爆破事件という二つの事件について歌っている。

ニプシー・ハッスル 137
(Nipsey Hussle)

1985年カリフォルニア州ロサンゼルス出身のラッパー。アフリカ系アメリカ人とエリトリア系移民の両親のもとに生まれ、14歳でクリップスに加わる。2005年にミックステープ『Slauson Boy Volume 1』をリリース、以後数々の作品で急速に注目を集めた。銃や暴力への代替策として

コミュニティ活動に力を注ぎ、物心ともに地域への貢献を惜しまなかったが、2019年に自身の経営する店舗の前で銃撃され逝去した。

ネリー ………… 60, 61, 62, 63, 64, 65
(Nelly)

1974年テキサス州出身、ミズーリ州セントルイス育ちのラッパー。セント・ルナティックスの一員として活動し、2000年にユニバーサルとグループとしての契約、各メンバーのソロの契約を同時に結び、同年リリースのソロデビューアルバム『Country Grammar』が瞬く間に大ヒットを記録した。2017年にレイプ容疑で逮捕されている。

ノトーリアス・BIG ………… 92, 109, 120, 121, 122, 126
(The Notorious B.I.G.)

1972年ニューヨーク州ブルックリン出身のラッパー。ビギー・スモールズとも呼ばれる。ドラッグディーラーとしての経験を経て1994年に『Ready to Die』でデビュー、当時西海岸が中心地だったヒップホップ界のなかで東海岸を代表する存在となった。トゥーパックが何者かに殺害されたことを発端とする東西抗争で1997年に命を落としたが、生前には共演するなどトゥーパックとの関係は必ずしも悪いものではなかった。

パフ・ダディ・アンド・ザ・ファミリー ………… 101
(Puff Daddy & The Family)

パフ・ダディは1969年ニューヨーク州ハーレム出身の音楽プロデューサー、ラッパー。メアリー・J・ブライジをプロデュースしたほか、バッド・ボーイ・レコードの創設者としてノトーリアス・BIGらを世に送り出す。パフ・ダディ・アンド・ザ・ファミリーは彼がラッパーとしてのデビューアルバム『No Way Out』をリリースする際、レーベルメイトたちを招いて結成されたグループ名である。

パブリック・エネミー …… 80
(Public Enemy)

1982年ニューヨーク州ロングアイランドで、ラッパーのチャック・Dを中心に結成されたグループ。ラッパーのフレイヴァー・フレイヴ、プロフェッサー・グリフ、DJのターミネーターXやプロデューサー・ユニットのボムスクワッドといった布陣のもと、ポリティカルな内容の楽曲でジャンルを超えた支持を獲得した。なお、プロフェッサー・グリフは自身の反ユダヤ主義的発言を批判され、グループを脱退している。

ビジー・ボーン …… 126
(Bizzy Bone)

1976年オハイオ州コロンバス出身のラッパー。ボーン・サグス・エン・ハーモニーのメンバー。現在はソロで活動する一方、同じくボーン・サグス・エン・ハーモニーのレイジー・ボーンとのユニット、ボーン・ブラザーズとしてアルバムをリリースしている。

ビッグ・ギップ …… 70
(Big Gipp)

1973年ジョージア州アトランタ出身のラッパー。アウトキャストのアルバム『Southernplayalisticadillacmuzik』への客演後、グッディ・モブの一員としてデビュー。ソロアルバムに『Mutant Mindframe』がある。

ビリー・ホリデイ …… 81
(Billie Holiday)

1915年メリーランド州ボルチモア出身のジャズ・シンガー。不和の多い家庭環境で幼少期を過ごし、ナイトクラブの歌手を務めたことでデビュー。白人のオーケストラ楽団と共演するまでになるが、南部を巡業した際はジム・クロウ法のもとで厳しい人種差別に直面した。薬物やアルコール依存に苦しみながらも、リンチを題材とした代表曲「Strange Fruits」(奇妙な果実)などをつうじて人種差別や性差別に

立ち向かい、後続のアーティストに多大な影響を与えた。

(Boogie Down Productions)

1986年、KRS-ワン、D・ナイス、スコット・ラ・ロックによって結成されたヒップホップ・グループ。ニューヨーク州ブロンクス区の愛称「ブギー・ダウン」をグループ名とし、クイーンズブリッジ出身のラッパーたちと、どちらがヒップホップの発祥地かをめぐって争った。また、スコット・ラ・ロックが地元の揉め事で命を落とした後には、「ストップ・ザ・バイオレンス」といった社会的活動に取り組んだ。

(Babyface)

1958年インディアナ州インディアナポリス出身のプロデューサー、シンガー。LA・リードがドラマーを務めていたザ・ディールの楽曲を手掛けたほか、LA&ベイビーフェイスとしてプロデューサー活動も行い、ともにラフェイス・レコードを立ち上げた。ジェイ・Z、マドンナ、エリック・クラプトンなど名だたるアーティストの楽曲制作を行い、白人のリスナーからも大きな支持を集めグラミー賞を幾度も受賞している。

(Bone Thugs-N-Harmony)

オハイオ州クリーブランド出身のヒップホップ・グループ。レイジー・ボーン、フレッシュン・ボーン、ビジー・ボーン、クレイジー・ボーン、ウィッシュ・ボーンによって1993年に結成された。イージー・Eのオーディションを受け、1994年にルースレス・レコードからEP「Creepin on Ah Come Up」をリリース。翌年にはイージー・Eの死去を経てアルバム『E 1999 Eternal』で全米チャート一位を獲得している。そのなかでもイージー・Eへと捧げられた「Crossroads」では、死や天国、神をめぐる葛藤と希望が表現されている。

1939年ワシントンDC生まれのソウル・シンガー。牧師の父のもとに生まれ、空軍への入隊・除隊後、いくつかのグループでの活動を経て、デトロイトのモータウン・レコードでソロシンガーとしてデビューする。自らプロデュースしたアルバム『What's Going On?』ではベトナム戦争の悪弊、インナーシティの状況などを楽曲で表現した。一方、私生活では二度の結婚生活の破綻や薬物依存に苦しみ、1984年、自宅で父と口論になり、自らが父に贈った拳銃で銃殺される。その生涯には、幼い頃に父から受けた虐待が常に影を落としていたという。

1971年ニューヨーク州ブロンクス生まれ、ヨンカース育ちのR&Bシンガー。1992年に映画『ストリクトリー・ビジネス』のサウンドトラック「You Remind Me」でソロデビュー。ヒップホップのビートでソウルを歌う「ヒップホップ・ソウル」のスタイルを確立した。

ニューヨークを拠点とする、プロディジーとハヴォックによるヒップホップ・デュオ。ナズをはじめ東海岸を代表するラッパーたちと同じ、クイーンズブリッジ団地出身である。ア・トライブ・コールド・クエストのQ・ティップとの出会いからプロデビューを果たし、『Juvenile Hell』『The Infamous』などの名盤を多数残した。

1980年ジョージア州アトランタ出身のシンガー。10歳で教会の聖歌

隊員としてキャリアをスタート。14歳にしてデビューシングル「Don't Take It Personal (just one of dem days)」がプラチナディスクに認定された。ミッシー・エリオットやDMXをフィーチャーした『After The Storm』など、多数の名作を世に送り出している。

リック・ジェームス ………… 71
(Rick James)

1948年ニューヨーク州バッファロー出身のファンク・ミュージシャン。15歳で海兵隊に入隊するもカナダへ逃亡するなど破天荒な青年時代を過ごしたのち、1978年にモータウンからリリースされた「You and I」でヒット。2004年に逝去するまでドラッグの使用などのスキャンダルが絶えなかった一方、MCハマーの「U Can't Touch This」のサンプリング元となった「Super Freak」など多数の名曲を生み出した。

ロバータ・フラック ………… 85
(Roberta Flack)

1937年ノースカロライナ州ブラックマウンテン出身のシンガー。1973年にリリースされた「Killing Me Softly」は大ヒットを記録し、グラミー賞を三部門受賞した。ダニー・ハサウェイとは親交が深く、デュエットアルバムをたびたび発表している。

ローリン・ヒル
………… 85, 86, 87, 88, 89, 90, 91, 92, 93, 94, 95, 96, 101
(Lauryn Hill)

1975年ニュージャージー州サウスオレンジ出身のR&Bシンガー、ラッパー。幼い頃から教会で歌い、1988年にワイクリフ・ジョン、プラーズとともにザ・フージーズを結成。セカンドアルバム『The Score』で大ヒットを記録する。『The Miseducation of Lauryn Hill』をはじめソロでも高い評価を得ている一方、映画『天使にラブソングを2』などでは女優としても活躍している。

著†オサジェフォ・ウフル・セイクウ
Osagyefo Uhuru Sekou

アメリカの伝統的黒人教派チャーチ・オブ・ゴッド・イン・クライスト牧師、神学者。アクティヴィスト、ミュージシャン、映像作家としても精力的に活動している。

著書に*Gods, Gays and Guns: Religion and the Future of Democracy*(Campbell and Cannon Press, 2012)、

既訳に説教「ファーガソンの前線より」(山下壮起・二木信編『ヒップホップ・アナムネーシス――ラップ・ミュージックの救済』新教出版社、2021年)がある。

訳†山下壮起
Yamashita Soki

日本基督教団阿倍野教会牧師。
著書に『ヒップホップ・レザレクション――ラップ・ミュージックとキリスト教』(新教出版社)、音楽ライター・二木信との編著に『ヒップホップ・アナムネーシス――ラップ・ミュージックの救済』(新教出版社)、論考に「ギャングスタ・コンシャスネス」(『文藝別冊 ケンドリック・ラマー』河出書房新社)などがある。

アーバンソウルズ——黒人青年、宗教、ヒップホップ・カルチャー

2022年2月28日
第1版第1刷発行

著者……オサジェフォ・ウフル・セイクウ
翻訳……山下壮起
ブックデザイン……宗利淳一
発行人……小林 望
発行所……株式会社新教出版社

〒162-0814 東京都新宿区新小川町9-1
電話（代表）03（3260）6148
振替00180-1-9991

ISBN：978-4-400-51767-2 C1016

ヒップホップ・レザレクション
ラップ・ミュージックとキリスト教

山下壮起著　　A5変型判・3200円

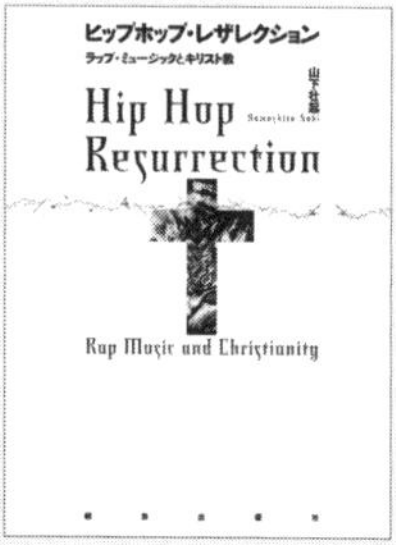

なぜヒップホップは繰り返し神や十字架について歌うのか？　アフリカ系アメリカ人の宗教史を背景としてラッパーたちの歌詞に聴き、その秘めたる宗教性を浮かび上がらせる。異色の歴史神学にして、ヒップホップ研究の新たなクラシック。

新　教　出　版　社　の　本

ヒップホップ・アナムネーシス
ラップ・ミュージックの救済

山下壮起・二木 信編　　A5変型判・2500円

『ヒップホップ・レザレクション』の議論を引き継ぎ、ラッパーの人生、ブラック・ライヴズ・マター、フェミニズム、パンデミック下の社会といった視点から、ヒップホップが発揮する救済の力＝アナムネーシスをラディカルに描き出すアンソロジー。